公路工程工地试验室标准化指南

交通运输部工程质量监督局　组织编写

人民交通出版社
China Communications Press

内 容 提 要

交通运输部工程质量监督局2012年出台了《关于印发工地试验室标准化建设要点的通知》，在此基础上为了进一步细化和统一工地试验室标准化建设和管理的各项指标和要求，交通运输部工程质量监督局组织编写了《公路工程工地试验室标准化指南》。

本指南依据国家、交通运输部等颁布的现行有效的标准、规范、指南编写，共分5章，分别从工地试验室建设和管理等方面以图文并茂的形式进行阐述，提出具体指标和要求，科学、规范指导工地试验室标准化建设和规范化管理，同时对工地试验室管理存在的薄弱环节以及日常工作需要熟悉和查询的内容进行梳理汇总，以方便试验检测工作开展和日常管理。

本指南适用于工地试验室建设和管理，同时可为项目质监机构、建设单位、母体试验室对工地试验室进行检查指导提供参考。

图书在版编目（CIP）数据

公路工程工地试验室标准化指南 / 交通运输部工程质量监督局组织编写. — 北京：人民交通出版社，2013.9

ISBN 978-7-114-10885-3

Ⅰ.①公… Ⅱ.①交… Ⅲ.①道路工程—实验室—标准化管理—中国—指南 Ⅳ.①U415.1-62

中国版本图书馆CIP数据核字（2013）第216226号

书　　名：公路工程工地试验室标准化指南
著　作　者：交通运输部工程质量监督局
责任编辑：周　宇
出版发行：人民交通出版社
地　　址：（100011）北京市朝阳区安定门外外馆斜街3号
网　　址：http://www.ccpress.com.cn
销售电话：（010）59757973
总　经　销：人民交通出版社发行部
经　　销：各地新华书店
印　　刷：中国电影出版社印刷厂
开　　本：880×1230　1/16
印　　张：7.75
字　　数：150千
版　　次：2013年10月　第1版
印　　次：2024年1月　第12次印刷
书　　号：ISBN 978-7-114-10885-3
定　　价：50.00元

（有印刷、装订质量问题的图书由本社负责调换）

《公路工程工地试验室标准化指南》编审委员会

审定委员会

主　任：李彦武

副主任：张晓冰

委　员：李洪斌　沈小俊　康爱国　李新喜　陈　俊

编写委员会

主　编：张晓冰

副主编：李洪斌　王永红　窦光武

编　写：梁　勇　刘晓波　樊慧平　宋　涛　解先荣　魏网民
　　　　常张杰　吴晓明　王海峰　唐汝礤　胡利平　徐洪海
　　　　王　蕊　何东霞　葛惠娟

编写说明

为加快推行现代工程管理，树立行业文明形象，交通运输部决定自2011年起，在全国开展高速公路施工标准化活动。工地试验室作为工程质量控制和评判的重要数据来源、工程建设质量保证体系的重要组成部分，其建设和管理水平将直接影响试验检测数据的客观性和准确性，影响对工程建设质量的过程控制、指导和最终评判。为适应形势发展和行业管理需要，部质监局2012年适时出台了《关于印发工地试验室标准化建设要点的通知》。为进一步细化和统一工地试验室标准化建设和管理的各项指标和要求，部质监局组织编写《公路工程工地试验室标准化指南》，以扎实有效地推动工地试验室标准化建设和管理工作。

本指南依据国家、交通运输部等颁布的现行有效的标准、规范、指南编写，共分5章，分别从工地试验室建设和管理等方面以图文并茂的形式进行阐述，提出具体指标和要求，科学、规范地指导工地试验室标准化建设和规范化管理。为更好地服务和指导工地试验检测工作，本指南在附录中对工地试验室管理存在的薄弱环节以及日常工作需要熟悉和查询的内容进行梳理汇总，以方便试验检测工作开展和日常管理。

本指南适用于工地试验室建设和管理，同时可为项目质监机构、建设单位、母体试验室对工地试验室进行检查指导提供参考。由于工地试验室建设和管理涵盖的内容、涉及的标准规范繁多，同时更新速度快，在编写过程中难免会有遗漏或不完善的地方，各地可根据实际情况做进一步细化或强化要求，对未尽事宜也可予以补充完善。使用过程中发现的问题和修改意见，请反馈至交通运输部工程质量监督局（北京市建国门内大街11号，邮编100736），以便再版时改进。

本指南在标准化案例实施过程中得到了山西吉河高速公路建设管理处、江苏省交通科学研究院股份有限公司等单位的支持和帮助，在此一并表示感谢。

编 者

2013年6月30日

目 录

1 总则 ……………………………………………………………………… 1

2 术语和定义 ……………………………………………………………… 2

3 编制依据 ………………………………………………………………… 6

4 工地试验室建设 ………………………………………………………… 7
    4.1 选址 ………………………………………………………………… 7
    4.2 规划 ………………………………………………………………… 8
    4.3 房屋建设 ………………………………………………………… 10
    4.4 环境建设 ………………………………………………………… 12
    4.5 其他设施 ………………………………………………………… 17
    4.6 标牌、标志 ……………………………………………………… 20
    4.7 人员配备 ………………………………………………………… 21
    4.8 设备配置 ………………………………………………………… 22
    4.9 办公设施 ………………………………………………………… 24
    4.10 交通工具 ………………………………………………………… 25
    4.11 体系与文化建设 ………………………………………………… 25

5 工地试验室管理 ………………………………………………………… 27
    5.1 职责范围 ………………………………………………………… 27
    5.2 组织机构 ………………………………………………………… 27
    5.3 人员 ……………………………………………………………… 28
    5.4 仪器设备 ………………………………………………………… 29
    5.5 参考标准和有证标准物质 ……………………………………… 34
    5.6 样品 ……………………………………………………………… 35
    5.7 化学品（试剂）及其他耗材 …………………………………… 38
    5.8 环境控制 ………………………………………………………… 41

5.9 　标准、方法 ·· 41

5.10 　记录、报告 ·· 42

5.11 　试验检测工作管理 ·· 45

5.12 　外委试验管理 ··· 45

5.13 　试验检测资料管理 ·· 46

5.14 　信息化管理 ·· 47

5.15 　母体授权管理 ··· 49

附录

附录1 　标准养护室建设、运行实施方案 ··· 50

附录2 　试验室环境温度、湿度控制要求一览表 ····································· 53

附录3 　试验检测项目/参数检验频率一览表 ·· 54

附录4 　试验检测项目/参数取样要求一览表 ·· 66

附录5 　标准（规范、规程）引用一览表 ··· 86

附录6 　工地试验室记录表格格式 ··· 89

附录7 　安全、环保标志图例（摘录）、形式及参数 ······························ 110

1 总则

1.1 为推进工地试验室标准化、规范化、精细化管理，不断提高试验检测数据的客观性和准确性，有效发挥试验检测在控制工程质量和指导工程建设中的重要作用，进一步促进工程管理水平的提升，编制本指南。

1.2 本指南主要依据国家、交通运输部等颁布的与工地试验室建设和管理相关的文件、标准、规范、规程、指南，以及部分省份在工地试验室标准化建设方面的先进经验编制。在应用过程中如有更新，应以最新发布的内容为准。

1.3 本指南适用于高速公路新建、改扩建项目工地试验室的建设与管理，其他项目可参照使用。本指南的有关内容同样适合等级试验检测机构的建设与管理。

1.4 工地试验室标准化管理的内涵是硬件建设标准化、检测工作规范化、质量管理精细化、数据报告信息化。

1.5 工地试验室标准化建设坚持因地制宜、务求实效、经济适用的工作原则，根据工程项目建设内容和规模进行设置，既要满足工程质量控制需要，又要满足布局合理、安全环保、环境整洁等要求。

2 术语和定义

下列术语和定义适用于本指南。

2.1 等级试验检测机构

等级试验检测机构是指按照《公路水运工程试验检测管理办法》（交通部令2005年第12号）要求，取得"公路水运工程试验检测机构等级证书"的机构。

2.2 工地试验室

工地试验室是指工程建设过程中为控制质量由等级试验检测机构在工程现场设立的试验室。

2.3 母体试验室

母体试验室是指在工程现场设立工地试验室的等级试验检测机构。

2.4 标准化

标准化是指为了在一定范围内获得最佳秩序，对现实问题或潜在问题制订共同使用和重复使用的条款的活动。

2.5 工地试验室标准化

工地试验室标准化是指为实现工地试验检测数据客观性和准确性的目标，根据工程建设特点和施工现场实际情况，按照因地制宜、务求实效、经济适用的工作原则，通过硬件建设标准化、检测工作规范化、质量管理精细化、数据报告信息化等活动，实现工地试验室工作标准化、规范化、精细化。

2.6 计量

计量是指实现单位统一、量值准确可靠的活动。

2.7 量值

量值是指全称量的值，简称值。用数和参照对象一起表示的量的大小。

例：

给定杆的长度：4.34m或434cm。

给定物体的质量：0.152kg或152g。

2.8 量值溯源

量值溯源是指通过一条具有规定不确定度的不间断的比较链，使测量结果或测量标准的值能够与规定的参考标准（通常是国家计量基准或国际计量基准）联系起来的特性。

2.9 检定

检定或计量检定是"测量仪器的检定、计量器具的检定"的简称。

它是查明和确认测量仪器符合法定要求的活动，包括检查、加标记和/或出具检定证书。

2.10 校准

校准是指在规定条件下的一组操作，其第一步是确定由测量标准提供的量值与相应示值之间的关系，第二步则是用此信息确定由示值获得测量结果的关系，这里测量标准提供的量值与相应示值都具有测量不确定度。

注：
1. 校准可以用文字说明、校准函数、校准图、校准曲线或校准表格的形式表示。某些情况下，可以包含示值的具有测量不确定度的修正值或修正因子。
2. 校准不应与测量系统的调整（常被错误称作"自校准"）相混淆，也不应与校准的验证相混淆。
3. 通常，只把上述定义中的第一步认为是校准。

2.11 计量确认

计量确认是指为确保测量设备处于满足预期使用要求的状态所需要的一组操作。

注：
1. 计量确认通常包括：校准和验证、各种必要的调整或维修及随后的再校准、与设备预期使用的计量要求相比较以及所要求的封印和标签。
2. 只有测量设备已被证实适合于预期使用并形成文件，计量确认才算完成。
3. 预期使用要求包括：测量范围、分辨力、最大允许误差等。
4. 计量要求通常与产品要求不同，并不在产品要求中规定。

2.12 期间核查

期间核查是指根据规定程序，为了确定计量标准、标准物质或其他测量仪器是否保持其原有状态而进行的操作。

2.13 参考标准

参考标准是参考测量标准的简称，指在给定组织或给定地区内指定用于校准或检定同类量其他测量标准的测量标准。

注：在我国，这类标准称为计量标准。

2.14 标准物质

标准物质是指具有足够均匀和稳定特定特性的物质，其特性被证实适用于测量中或标称特性检查中的预期用途。

2.15 有证标准物质

有证标准物质是指附有由权威机构发布的文件，提供使用有效程序获得的具有不确定度和溯源性的一个或多个特性量值的标准物质。

注：
1. "文件"是以"证书"的形式给出（参见ISO Guide 31：2000）。
2. 有证标准物质制备和颁发证书的程序是有规定的（参见ISO Guide 34和ISO Guide 35）。
3. 在定义中，"不确定度"包含了测量不确定度和标称特性值的不确定度两个含义，这样做是为了一致和连贯。"溯源性"既包含量值的计量溯源性，也包含标称特性值溯源性。
4. "有证标准物质"的特定量值要求附有测量不确定度的计量溯源性。

2.16 测量不确定度

测量不确定度是指根据所用到的信息，表征赋予被测量量值的分散性的非负参数。

2.17 挑檐

挑檐是指屋面挑出外墙的部分，主要是为了方便做屋面排水，对外墙也起到保护作用。

2.18 雨搭

雨塔也称雨罩、雨棚，是工民用建筑中窗户上方向外探出的一种用来挡雨的盖板。

2.19 散水

散水是指在建筑周围铺成的用以防止雨水（雨水及生产、生活用水）渗入的保护层，在建筑方面主要指房屋等建筑物周围用砖石或混凝土铺成的保护层，宽度多在1m左右，作用是使雨水淌远，然后渗入地下，以保护地基。

2.20　土壤冰冻线

地面以下冻结土与非冻结土的分界线称为土壤冰冻线，土壤的冻结深度取决于当地的气候条件，气温越低，低温持续时间越长，冻结深度越大。

2.21　窗地面积比

窗地面积比是指房间窗洞口面积与该房间地面面积之比，简称窗地比，它是估算室内天然光水平的常用指标。

2.22　理化板

理化板又叫千思板、抗倍特板，学术名称叫"热固性层积板"，是一种把酚醛树脂浸渗于牛皮纸或者木纤维里，在高温高压中进行硬化的热固性酚醛树脂板。其具有优异的耐冲击性、耐水性、耐湿性、耐药性、耐热性、耐磨性和耐气候性。

2.23　三级负荷

电力负荷根据供电可靠性及中断供电在政治、经济上所造成的损失或影响的程度，分为一级负荷、二级负荷及三级负荷。三级负荷一般对供电的可靠性要求不高，只需一路电源供电。但在工程设计时，也要尽量使供电系统简单，配电级数少，易管理维护。

2.24　工作接地

为了保证电气设备（如发电机、变压器）在正常和事故情况下可靠的工作而进行的接地称为工作接地。

2.25　保护接地

为了保证人身安全，避免发生人体触电事故，将电气设备的金属外壳与接地装置连接的方式称为保护接地。

2.26　难燃材料

难燃材料是指在空气中受到火烧或高温作用时难起火、难微燃、难碳化，当火源移走后燃烧或微燃立即停止的材料。

3 编制依据

本指南在编写过程中主要依据和参考以下文件、标准和指南：

1.《公路水运工程试验检测管理办法》（交通部令2005年第12号）。

2.《关于公布〈公路水运工程试验检测机构等级标准〉及〈公路水运试验检测机构等级评定程序〉的通知》（交质监发〔2008〕274号）。

3.《关于进一步加强公路水运工程工地试验室管理工作的意见》（厅质监字〔2009〕183号）。

4.《交通运输部办公厅关于印发工地试验室标准化建设要点的通知》（厅质监字〔2012〕200号）。

5.《交通运输部办公厅关于发布公路工程试验检测仪器设备计量管理目录的通知》（厅科技字〔2012〕305号）。

6.《关于印发〈公路工程试验检测仪器设备检定/校准指导手册〉的通知》（质监综字〔2013〕5号）。

7.《公路试验检测数据报告编制导则（JT/T 828—2012）》及释义手册。

8.《实验室资质认定工作指南（第二版）》。

9.国家及其他行业的相关标准、规范等。

4 工地试验室建设

4.1 选址

为保证试验检测工作的独立性，为试验检测人员创造良好的工作环境，工地试验室应有相对独立的活动场所，在选址时应充分考虑安全、环保、交通便利及工程质量管理要求等因素。

4.1.1 安全要求

（1）避开山体崩塌、滑坡、泥石流、地面塌陷、地裂缝、地面沉降等地段。对台风、暴雨（雪）、寒潮、大风（沙尘暴）、低温、高温、雷电、冰雹自然灾害威胁，应有相应防范措施。

（2）与高压线路、通信线路和管线应保持一定的安全距离，相关要求可参考《城市工程管线综合规划规范》（GB 50289—1998）、《电力设施保护条例实施细则》等有关规定。

（3）与易燃、易爆品生产及储存区之间应保持一定的安全距离，相关要求可参考《小型民用爆炸物品储存库安全规范》（GA 838—2009）、《民用爆破器材工程设计安全规范》（GB 50089—2007）等有关规定，并应有相应的消防安全保障条件及措施。

（4）不宜建在油库、有交通安全隐患的区域和地段。

4.1.2 环境要求

（1）不宜建在污染企业、垃圾处理厂等易产生干扰的地段和区域。

（2）避开产生噪声、振动、电磁干扰、尘烟、液体、固体废物等有污染源的地段。

（3）对试验工作自身产生的上述危害，应采取相应的环境保护措施，防止造成对周围环境的影响。

4.1.3 管理要求

（1）交通便利，具有水源、能源、信息交换和协作条件，通信畅通，满足信息化办公需求。

（2）宜设置在项目部驻地或拌和场内或附近，便于项目集中管理，同时可减少往返交通成本。

（3）按合同段划分单独设立。当独立合同段工程线路跨度较大或交通不便时，宜设立分支试验室。分支试验室作为该工地试验室的组成部分，也应按照标准化要求建设，并接受项目质监机构的监管。

（4）实行施工总承包的项目，宜按内部施工段落划分原则，分别设立独立的工地试验室。为适应实际管理的需要，也可按合同约定或经建设单位批准，全线按一定路线跨度设立一个或多个工地试验室。当线路跨度较大或交通不便时，应按4.1.3中第（3）条规定执行。

4.2 规划

工地试验室应根据工作、生活、院落及周围所需面积，合理利用原有地形、地貌、地物、水面和空间以及现有的设施等，并按照以下原则进行合理规划，规划方案应满足试验检测工作需要和标准化建设有关规定，经项目建设单位有关部门审核后开始实施。

4.2.1 基本原则

1）分区设置原则

工地试验室应将工作区和生活区分开设置，工作区总体可分为功能室、办公室和资料室（以下简称为"各工作室"）。各功能室应独立设置，并根据不同的试验检测项目配置满足要求的基础设施和环境条件。

2）布局合理原则

工地试验室应按照试验检测流程和工作相关性进行合理布局，保证样品流转顺畅，方便操作，如水泥混凝土室、力学室和标准养护室，沥青室和沥青混合料室，样品室、办公室和资料室等宜相邻设置。

3）互不干扰原则

工地试验室应对造成相互干扰和影响的工作区域进行隔离设置，如有振动源的土工室与需要精密称量的化学室，相对湿度大于95%的标准养护室与资料室、办公室等不宜相邻设置。

4）经济适用原则

工地试验室标准化建设坚持因地制宜、务求实效和经济适用的工作原则，目标是保证试验检测数据的客观性和准确性，而不是盲目过分加大投入，片面追求表面效应。

4.2.2 功能室设置

（1）工地试验室功能室的设置应根据工程内容、工程量和所开展的试验检测项目等确定。

（2）对于路基、桥梁、隧道和路面主体工程，所设立的工地试验室一般应包括土工室、集料室、石料室、水泥室、水泥混凝土室、力学室、沥青室、沥青混合料室、化学室、标准养护室、样品室、留样室、外检室、储藏室（放置杂物、闲置或废弃的仪器设备等）等相对独立的功能室，具体设置模式可参照表4.1。

工地试验室功能室设置模式一览表　　　表4.1

功能室名称 \ 工程类别	路基工程	桥梁工程	隧道工程	路面工程
土工室	√	—	—	√
集料室	√	√	√	√
石料室（主要指加工）	—	—	√	—
水泥室	√	√	√	√
水泥混凝土室	√	√	√	√
力学室	√	√	√	√
沥青室	—	—	—	√
沥青混合料室	—	—	—	√
化学室	—	—	—	√
标准养护室	√	√	√	√
样品室	√	√	√	√
留样室	√	√	√	√
外检室	√	√	√	√
储藏室	√	√	√	√

注："√"表示需要设置，"—"表示视需要设置。

（3）房建、交通安全设施、机电等附属工程如需设立工地试验室，可以结合实际情况和工作内容参照以上模式设置。

4.2.3　面积及空间

（1）工地试验室在建设前，应提前规划各功能室的基础设施（包括操作台、上下水等）、仪器设备的摆放位置、人员操作和行动通道、门窗位置等绘图计算实际需要的使用面积及所需的空间。

（2）各工作室的使用面积要合理设置（参考表4.2，可根据实际情况灵活掌握和调整），满足试验检测工作需要和环境条件要求，同时注意长、宽比例协调，保证整体布局合理、美观大方。

工地试验室各工作室使用面积推荐表　　　　　　表4.2

名　称	土工室	集料室	石料室	水泥室	水泥混凝土室
面积（≥m²）	20	15	20	20	25
名　称	力学室	沥青室	沥青混合料室	化学室	样品室
面积（≥m²）	25	20	25	12	15
名　称	留样室	外检室	储藏室	办公室	资料室
面积（≥m²）	12	15	12	6m²/人	15
名　称	标准养护室				
面　积	（1）根据高峰期试件养护的最大数量、样品架的容量及占用面积、室内共用面积以及所选用的温湿度控制仪主机的功率确定； （2）为降低运行成本且节约能耗，如高峰期试件养护数量大且增减明显，可考虑设置两个标准养护室（可以一大一小，单个标养室面积应≥20m²）； （3）标准养护室的建设、运行实施方案详见附录1				

（3）有温度、湿度要求的功能室净高超过3m时应采用吊顶或其他合理方式压缩高度，以便保温、保湿且节约能耗。

4.3　房屋建设

工地试验室用房可新建或租用合适的既有房屋，房屋应坚固、安全、实用、美观，并满足工作、生活需求，新建房屋宜安装、拆卸方便且满足环保要求。

4.3.1　新建房屋

（1）房屋结构设计应综合考虑空间跨度以及暴风雪等极端气候的影响，必要时采取加固处理，保证其使用周期内安全可靠；为保证良好的气象条件，一般宜为南北朝向。

（2）房屋地基基础应进行夯实，周边场地应做硬化处理，院内及门口可适当绿化，同时考虑防排水、环保等因素。

（3）房屋建筑应选择坚固、安全、环保和保温的材料，如建筑用金属面绝热夹芯板（简称"彩钢板"）等（图4.1），但不得使用帐篷、石膏板房等不能保证安全和环境条件的简易用房。

（4）房屋净高一般不低于2.6m，房屋外面应设置挑檐或雨搭，宽度不小于1.2m；房屋周围地面铺筑散水，宽度不小于1m（图4.2）。两排房屋之间应保留不小于4m的消防通道净宽。

图4.1 工地试验室新建房屋

（5）房屋室内地面高度宜高于室外0.15m，表面应平整、坚固、耐磨、防水、防滑，可铺设统一规格的硬质材料如混凝土砂浆、浅色防滑瓷砖、水磨石等。标准养护室的地面可采用水泥混凝土浇筑、防水砂浆抹面，设置蓄水沉淀池且安装顶盖；地面应设有一定坡度的放射状水槽（图4.3）或环形水槽，水槽断面尺寸和数量满足防止地面积水、形成养护水回流且不影响养护架摆放，水槽应与蓄水沉淀池相通。

图4.2 挑檐和散水　　　　　　　　　图4.3 放射状水槽

（6）房屋宜前后开窗，采用天然的侧面采光，窗地面积比建议不小于1∶6，且宜设不少于窗面积1/3的可开启窗扇；标准养护室不设置窗户。

（7）房屋门洞口的尺寸一般为高×宽=2.1m×1m，对于有超宽超高设备的功能室，尺寸可适当调整或设置双开门，保证人员、设备进出方便，同时采取防潮、防虫、防啮齿动物损伤等防护措施。标准养护室的门应采用密封性好且防潮的材料制作，不宜直接对外，宜设置过渡间；化学室、沥青室、沥青混合料室等易发生火灾、爆炸、化学品伤害等事故的功能室的门宜向外开（便于发生危急情况逃生）；样品室（料棚）可采用卷闸门（方便样品出入）。

（8）对于用彩钢板搭建的标准养护室，可紧贴彩钢板内侧，砌筑空心砖墙，并用防水砂浆抹面或粘贴PVC防水板，房顶加保温层吊顶。

4.3.2 租用房屋

（1）工地试验室如租用既有房屋，应在租用前对其房屋的结构、设施、周边环境等进行考察（租用房屋见图4.4）：

①房屋场地是否集中、交通便利、信息畅通；

②房屋面积、空间及室内设施（水、电、暖、通风、采光、安全等）是否符合或改造后符合工地试验室标准化建设要求；

③出租方是否同意进行适当的改造，改造成本应与新建房屋进行比较；

④如果确定租用，租用期应满足工期需要。

图4.4　工地试验室租用房屋

（2）对于租用的既有房屋，如需隔断，应采用空心砖或不小于10cm厚的彩钢板通高阻隔，有温度、湿度要求的功能室进行隔断时接缝处要进行密封处理。

4.4　环境建设

4.4.1　给水、排水

各功能室给、排水设计应满足试验检测工作需要，并符合安全、卫生、经济、适用等要求，同时便于管理、维修。

（1）给水系统选择应根据生产、生活及消防各项用水对水质、水温、水压和水量的要求，并结合室外给水系统等因素，经技术经济比较后确定。

（2）各功能室均应设置上下水，室内水池、水龙头宜设置在操作台边部且与操作台体结合在一起，排水口应有过滤和水封装置，下水连接管采用硬质管、设弯头并保证通畅，化学室水池宜配套三联水龙头（方便玻璃器皿清洗，图4.5）。

（3）水泥室、水泥混凝土室、石料室内地面应设置泄水槽（图4.6），室外设置沉淀池（方便清洗和环境保护），沉淀池应安装顶盖，并经常清理，保证排水通畅。集料室如有必要可以参照前述规定执行。

（4）排水系统选择应根据污水的性质、流量、排放规律并结合室外排水条件确定。排水管要有一定的坡度，转弯要少，排水管直接进入排水总管。室外管道管顶最小覆土深度不得小于土壤冰冻线以下0.15m，在年降雨量较大的地区可采用明沟排水。

图4.5　三联水龙头

图4.6　泄水槽

4.4.2　通风、采光

（1）各工作室应有与室外空气直接流通的窗口，通风开口面积不宜小于房间地板面积的1/20。

（2）试验过程中使用或产生有毒有害物质的功能室如化学室、沥青室、沥青混合料室等，应根据试验项目、污染程度、范围、工作量的大小，采用合理有效的通风设施，如采用通风罩、强排气扇等局部机械通风设施（图4.7、图4.8）。

图4.7　通风罩

图4.8　强排风扇

提示：机械通风是以风机为动力造成空气流动。机械通风设施一般由风机、风道、送排风口组成。在有毒有害物质形成比较集中的地方，为了防止有毒有害物质扩散，立即就近排出，采用局部机械通风。

（3）储存危险化学品的功能室宜安装通排风设施，并注意设备的防护措施；通排风设施应设有导除静电的接地装置；通风管应采用不燃材料制作；通风管道不宜穿过防火墙等防火分隔物，如必须穿过时应用不燃材料分隔。

（4）各工作室如果自然采光不足，可增加照明设施；如果光线过强，可挂窗帘遮阳；标准养护室应配置一定数量的防水灯具，保证采光满足工作需求。

4.4.3 供电

工地试验室使用的电气设备和临时用电设施的安装应符合《供配电系统设计规范》（GB 50052—2009）、《施工现场临时用电安全技术规范》（JGJ 46—2005）等有关规定，保证用电安全。

（1）根据各工作室的用电设备计算出整个工作区的用电量即总功率，采用独立的专用线集中配电保障供电需求，用电设备及部位按照三级负荷供电。线路敷设、开关、插座应在仪器设备安装就位后，根据实际使用需求布置安装。

（2）为保证养护、必须在规定时间开展的试验项目、必要的办公等设施正常运行，宜配备自备电源（发电设备），电源功率宜大于等于整个工作区总功率的1.25倍，一般按不小于15kW考虑。

（3）在变压器或发电机上应设置工作接地（图4.9）、有金属外壳的仪器设备应设置保护接地（图4.10）等安全保护措施。

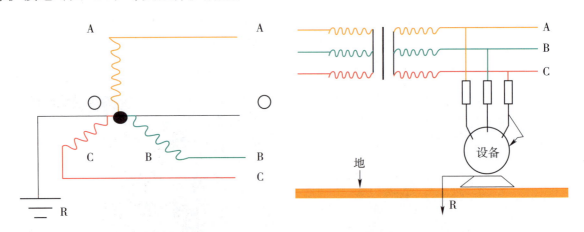

图4.9 变压器工作接地示意图　　图4.10 设备保护接地示意图

（4）电源进线处应设置明显切断装置（电力总闸），各功能室的工作用电不应与照明用电共用线路，宜采用铜芯导线（电缆）铺设专用线路。

（5）电路布设统一采用白色线槽明敷，不同电压或频率的线路应分别单独敷设，不得在同一管内敷设。线槽应采用难燃材料，便于安装、拆卸和维修维护，严禁线路乱拉、乱搭和乱接。

（6）插座规格型号应与仪器设备的插头相匹配，采用效率高、能耗低、安全接地、有漏电保护措施的性能先进的集中配电箱，且每个功能室应设置一个电路总开关。

（7）插座安装高度距地面或操作台面不小于0.3m，防止冲洗时进水漏电，并且不影响仪器设备的放置和操作。插座应有开关控制和保险设备，确保人身安全。

（8）电气开关安装高度距地面高1.3~1.5m，拉线开关安装高度距地面高2~3m，距门口150~200mm，且拉线的出口应向下。扳把开关或跷板开关（图4.11、图4.12）安装距地面高1.4m，距门口150~200mm，开关不得置于单扇门后。多尘、潮湿场所和户外应选用防水瓷制拉线开关（图4.13）或加装保护箱。

图4.11　扳把开头　　　　图4.12　跷板开头　　　　图4.13　瓷制拉线开头

（9）计算机和微机控制的精密仪器对供电电压和频率有一定要求。为防止电压瞬变、瞬时停电、电压不足等影响仪器设备工作，应选用不间断电源（UPS）。

（10）烘箱、高温炉、空调、加湿器等电热设备应采用专用插座、开关及熔断器，较大负荷用电器应单独设回路，并安装相应的自动保护开关。

（11）标准养护室的电路及灯具应采用相应防护等级的防水灯具或带防水灯头的开敞式灯具。

4.4.4　温度、湿度

（1）对环境温度、湿度有要求的功能室（见附录2），应根据室内面积和空间大小，在不影响试验检测结果的位置安装相应功率的空调、加湿器等温度、湿度控制设备。室内应悬挂经过检定/校准的温湿度计，对于空间较大的功能室及标准养护室应在室内不同区域悬挂不少于2个温湿度计。

（2）对温度没有特殊要求的功能室，工作期间温度一般应控制为：夏季不高于30℃，冬季不低于10℃。

（3）北方寒冷地区办公、生活区应采用集中供暖设施，严禁电力取暖。

4.4.5　安全

工地试验室安全防护应严格执行国家和行业有关规定，同时按照建设项目的统一安排部署，认真做好试验室和有关人员的安全防护工作。要有相关的应急预案和必要的应急救援器材、设备。

（1）工地试验室应按照《建筑灭火器配置设计规范》（GB 50140—2005）要求，在可燃固体、液体、气体等物质存在的场所配置灭火器（主要为磷酸铵盐干粉灭火器），且每个场所灭火器数量不应少于2具（图4.14）。

图4.14　室内、室外配置灭火器

> **提示**：灭火器应摆放在位置明显和便于取用的地点，且摆放稳固，铭牌朝外；生产日期和维修日期等标志应齐全，达到送修条件和维修期限时，应送修、维修；达到规定的报废期限时应报废。灭火器的保险装置应完好，筒体应无明显缺陷和机械损伤，喷射软管应完好，无明显龟裂，喷嘴不堵塞。

（2）现场取样和现场试验检测工作过程中如存在安全隐患，试验检测人员应佩戴安全帽等防护用品，平时安全帽应整齐统一摆放在外检室或办公室，便于取放。

（3）在进行样品高温加热操作、试验时，试验人员应佩戴防烫伤的劳动防护用品（图4.15）；在使用危险化学品时，试验人员应佩戴防腐蚀的劳动防护用品（图4.16）；在维修、维护电器设备时，维修人员应佩戴绝缘的劳动防护用品（图4.17）。

图4.15　防烫伤劳动防护用品　　图4.16　防腐蚀劳动防护用品　　图4.17　绝缘劳动防护用品

（4）压力机、万能材料试验机等大型力学设备应安装安全防护网（图4.18），材质为钢板网或编织片网，网孔尺寸不宜大于10mm×10mm，防护设施不仅要固定安装、结实耐用，还应保证操作方便、美观大方。

（5）对限制人员进入的工作区或室应在其明显部位或门上设置提醒标志。

（6）储存易燃、易爆危险化学品的功能室，应安装避雷设备。

（7）各工作室内、外窗应安装防盗网，保证设备和各种档案资料安全（图4.19）。

（8）如果工地试验室为独立院落，应设置大门，并加强安保工作。

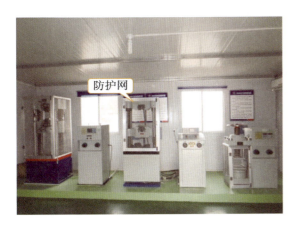

图4.18 力学设备安装防护网

图4.19 安装防盗网和大门

4.4.6 环保

工地试验室应有必要的环境保护设施，保证试验检测工作达到环境保护要求，避免发生不必要的环境污染。

（1）化学室、沥青室及沥青混合料室应配备废物集中收集装置，材质一般为塑料、玻璃、金属等，且与废液不发生反应（图4.20）。废物应定期按规定要求处理，不得随意倾倒。

（2）其他各功能室产生的废弃样品（如混凝土试件等）应设置专门的存放地点，不得随意乱抛乱扔，堆放整齐，集中处理。

图4.20 酸、碱废液回收装置

（3）凡含有毒和有害物质的污水，均应进行必要的处理，符合国家排放标准后，方可排放；酸、碱污水应进行中和处理，对于较纯的溶剂废液或贵重试剂，宜在技术经济比较后回收利用。

4.5 其他设施

4.5.1 操作台

（1）功能室应配置满足试验检测工作需要的操作台，台面应平整、坚固、抗折、耐磨、耐腐蚀，可采用理化板、人造大理石、水磨石预制板或混凝土预制板等材料制作，为防止碰碎玻璃器皿、方便清洗，可在台面铺设橡胶垫；操作台下应设置带有柜门的储物隔柜或采用统一材料遮挡，保持整体美观大方。

（2）操作台台面宽度宜为60~80cm，高度为70~90cm，如操作台上放置的仪器设备体积较大时，台面宽度、高度可适当调整。

（3）靠两侧墙布置的操作台之间的净距应不小于1.6m，当有一侧墙布置通风柜或试验仪器设备时，与另一侧操作台之间的净距应不小于1.5m。

（4）为便于重复利用，提高建设效率，保持外观整洁，操作台可根据功能室面积不同做成相应的标准件，现场组合安装，推荐使用储物柜式整体操作台，如采用理化板台面和防火板立面组装而成的整体式操作台等（图4.21）。

图4.21　整体式操作台

4.5.2　样品架

（1）标准养护室的样品架（养护架）应具有一定的刚度，可采用角钢制作且涂刷防锈漆，或采用不锈钢材料制作，每层高度为30cm左右，深度为60cm左右，总体高度在1.5~1.8m之间，样品架不宜直接接触墙壁；放置试件的支撑构件可采用$\phi16$的圆钢或不锈钢管，顺深度方向、按3cm左右的间距与框架牢固连接（图4.22）。样品架的数量应满足工程建设高峰期试件养护最大数量需求。

> **提示**：为便于重复利用，提高建设效率，样品架可做成标准件，现场组合安装固定。安装后对每个样品架及层位编号，方便样品的存取和管理。编号规则为每个样品架横向采用阿拉伯数字按1、2、3……顺序编号；每个层位竖向采用大写英文字母按A、B、C……顺序编号。

（2）留样室的样品架可参照以上样式制作和编号，具体尺寸根据所放置样品的内容、数量等确定；也可直接购买符合要求的装配式货架（图4.23）。

（3）样品室可采用隔仓和样品架存放样品。隔仓的尺寸可根据存放需求确定，样品存放须做防潮处理。

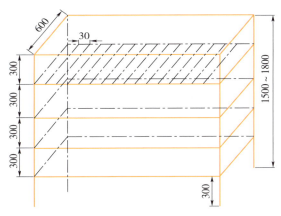

图4.22 水泥混凝土养护架示意图（尺寸单位：mm）　　　图4.23 装配式货架

4.5.3 基础、基座

（1）要求或需要在混凝土基础上固定的仪器设备，如击实仪、振动台、摇筛机、压力机、万能试验机等（图4.24），在规划摆放位置前，应按照有关标准、规程和仪器设备使用说明书的要求将基础、基座的位置及尺寸进行规划并制图（基础、基座规划图），以便在计算功能室面积和浇筑混凝土基础、基座时使用。

（2）仪器设备的水泥混凝土基础应在室内地面处理前浇筑完成，基础外形尺寸根据仪器设备的外形尺寸及基础、基座规划图确定，水泥混凝土浇筑时应留出地脚螺钉、电缆等安装的孔道，基础的上平面应水平。

（3）对基座有隔振要求的应设立不与其他建筑物直接相连的独立混凝土台，周围存在振源时应在地面与台座间设橡胶垫。

（4）水泥胶砂试件成型振实台基座由高度约400mm、体积约0.25m^3、质量约600kg的水泥混凝土浇筑而成。为防外部振动影响振实效果，可在整个水泥混凝土基座下放一层厚约5mm天然橡胶弹性衬垫，然后将仪器用地脚螺钉固定在基座上，安装后设备成水平状态，仪器底座与基座之间要铺一层砂浆以保证它们的完全接触（图4.25）。

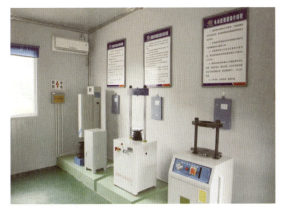

图4.24 击实仪、路强仪基础　　　图4.25 振实台和跳桌基座

（5）水泥胶砂流动度跳桌基座由密度至少为2240kg/m³的重水泥混凝土浇筑而成，基部约为400 mm × 400 mm，高约690 mm。跳桌通过膨胀螺栓安装在已硬化的水平水泥混凝土基座上（图4.25）。

4.6　标牌、标志

工地试验室标牌、标志的制作和安装应遵循标准、美观、经济适用和可重复利用的原则。

（1）工地试验室的标牌、标志主要包括：单位名称牌匾、各工作室门牌、组织机构框图、岗位职责、管理制度和操作规程等上墙图框，安全、环保标志，各类明示标志等。

（2）工地试验室应在大门口或中心位置悬挂单位名称铜制牌匾（图4.26），尺寸为：宽×高=80cm×60cm，内容与工地试验室印章一致（母体试验检测机构名称+建设项目标段名称+工地试验室名称），底边距离地面高度为160cm。

（3）各工作室应设置醒目的门牌（图4.26），尺寸为：宽×高=30cm×15cm，宜固定在门或门侧墙的上方。

（4）办公室应悬挂组织机构框图、岗位职责、主要管理制度等图框（图4.27），功能室应悬挂主要仪器设备的操作规程等图框，尺寸一般为：宽×高=60cm×90cm。图框可根据实际内容适当对宽度进行调整，图框底边距离地面高度为150cm。

图4.26　试验室悬挂牌匾、门牌等

图4.27　办公室悬挂岗位职责、管理制度等

（5）样品室应悬挂材料标牌，尺寸为：宽×高=30cm×20cm，内容包括样品名称、规格型号、产地等信息，标识牌底边距离地面高度为150cm。

（6）对有安全和环境条件要求的区域、功能室，如试验检测工作区域、有毒有害气体、消防设施、废旧物品存放区等，宜设置醒目的安全、环保等标志（标志的图例、形式等见附录7）。

（7）标牌、标志制作材料应结实、不易变形且可重复利用；标牌颜色和字体应考虑整体和视觉效果，既要美观大方、整体协调，同时可兼顾企业文化要求。

4.7 人员配备

4.7.1 数量要求

（1）工地试验室应根据工程内容、规模、工期要求和工作距离等因素，科学合理地配备试验检测人员数量，确保试验检测工作正常、有序开展。

（2）工地试验室试验检测人员数量可按以下计算方法配备：

①根据合同段工程规模、工期要求、初步施工组织计划、项目所在地一般气候特点下的年度有效工作日等信息估算日均生产能力。

②按日均生产能力、规定试验检测频率估算日均检测工作量。

③按工地试验室常用试验检测参数工时消耗估算日均人员工时消耗总量。

④按人员日工作时间8小时计算需要人员数量。

⑤人员配备数量应充分考虑到施工高峰期生产状态下检测工作量的增加带来的检测人员数量需求增加等因素影响。

（3）各省级质监机构也可结合当地实际情况和管理需要制定本地区试验检测人员数量配备标准。

4.7.2 管理和专业要求

（1）工地试验室实行授权负责人责任制。工地试验室授权负责人对工地试验室运行管理工作和试验检测活动全面负责，授权负责人必须是母体试验检测机构委派的正式聘用人员，且须持有试验检测工程师证书。

（2）所有试验检测人员均应持证上岗，并在母体试验室注册登记，不得同时受聘于两家或两家以上的工地试验室。

（3）试验检测人员持证专业应配置合理，能涵盖工程涉及的专业范围和内容。

> 提示：路基路面工程试验检测人员持证专业应至少包括公路、材料；桥梁工程持证专业应至少包括桥梁、材料；隧道工程持证专业应至少包括隧道、材料；报告审核人员应为试验检测工程师，其持证专业应覆盖工地试验室所需的相关专业。

（4）工地试验室不得聘用信用较差或很差的试验检测人员担任授权负责人，不得聘用信用很差的试验检测人员从事试验检测工作。

4.7.3 岗位能力要求

（1）授权负责人应掌握一定的管理知识，有较丰富的管理经验，能够合理、有效地利用工地试验室配备的各种资源；熟悉质量管理体系，具有较好的组织协调、沟通以及解决和处理问题的能力。

（2）试验检测工程师应具有审核报告的能力，能够正确使用标准、规范、规程等对试验检测结果进行分析、判断和评价，具备异常试验检测数据的分析判断和质量事故处理能力。

（3）试验检测员应熟练掌握专业基础知识、试验检测方法和工作程序，能够熟练操作仪器设备，规范、客观、准确地填写各种试验检测记录和报告。

（4）设备管理员应熟悉试验检测仪器设备的工作原理、技术指标和使用方法，具备对仪器设备故障产生的原因和试验检测数据准确性的分析判断能力，具有仪器设备简单维修、维护保养的专业知识和能力。

（5）样品管理员应掌握一定的质量管理基础知识，熟悉样品管理工作流程，能够严格执行样品管理制度，对样品的整个流转过程进行有效控制，确保试验检测工作顺利进行。

（6）资料管理员应熟悉国家、行业和建设项目有关档案资料管理基础知识和要求，能够严格执行档案资料管理制度，及时、规范地完成资料填写、汇总和整理归档等工作。

> **提示**：工地试验室由于人员数量配备较少，试验检测人员只要具备相应能力，可以兼职设备、样品、资料管理员等岗位。

4.8 设备配置

4.8.1 设备配置

（1）工地试验室应按照母体试验室授权范围内的试验检测项目和参数以及合同要求配置必要的试验检测仪器设备（可对应参考《公路水运工程试验检测机构等级标准》表2"试验检测能力基本要求及主要仪器设备"）和辅助工具（包括取样工具、标准物质和基本的维修保养工具等），确保仪器设备性能良好。

（2）仪器设备的功能、准确度和技术指标均应符合规范规程要求。对使用频率高的仪器设备在数量上应能满足周转需要。

> **提示**：工地试验室在仪器设备配置和试验检测操作过程中，应保证使用的仪器设备测量范围和准确度等满足相关试验规程要求（如力学设备应注意测量精度和量程有效范围，电子称量设备应注意类型和计量性能要求等）；对于不同功能室使用同类精度的仪器设备应分别配置，原则上不允许同一台仪器设备在不同功能室之间移动。

（3）鼓励配置具有自动采集、监控、储存、处理和打印于一体的智能检测仪器设备；标准养护室应配置全自动温、湿度同步控制设备。

（4）如果仪器设备由母体试验室或上级单位调配，工地试验室应根据实际需要制定仪器设备配置计划并提交母体试验室或上级单位审核后确认；仪器设备在运输过程中应注意安全，到货后应及时进行安装调试。

（5）如果为新购置仪器设备，应按照采购验收程序，购置符合要求的仪器设备，授权负责人、设备管理员及相关人员应共同进行验收，填写验收记录，建立仪器设备档案，验收内容一般包括：

①检查包装是否完好无损；

②开箱检查外观及整机完整性；

③检查主机、附件的规格、型号、随机备件、专用工具配置及数量与合同及装箱单是否一致；

④使用说明书、产品检验合格证等技术资料是否齐全；

⑤通电后运行情况。

4.8.2 设备布局

仪器设备布局应遵循操作便捷、便于维护保养、干净整洁原则。

（1）根据功能室划分，集中、合理地摆放相关仪器设备，保证一定的操作空间和距离，且布局合理，尽量减少人流、物流的交叉，避免相互干扰。

（2）按照试验检测工作流程，同一试验检测项目或参数所使用的仪器设备应就近摆放在同一或相邻功能室，方便现场操作和管理。

（3）重型的、需要固定在基础上的、容易产生振动的仪器设备，不得在楼上摆放；通过基础固定安装的以及有后盖、有在背面操作、有散热排气要求的仪器设备距墙至少保持50cm距离。

（4）为方便操作，一些小型仪器设备应摆放在操作台上面，仪器设备的控制器（分体式）应放在操作台上或按尺寸定制的搁物架上，严禁摆放在仪器设备、其他物体及地板上。

（5）对工作环境有特殊要求的仪器设备应合理摆放，如勃氏透气仪、负压筛析仪应放置在干燥区域，保证在相对湿度≤50%的条件下进行试验；沸煮箱应隔离放置，避免影响环境温湿度，可以使用外箱罩住，外箱上接PVC塑料管通向室外（图4.28）；高温炉应放置在对环境温度要求不高、对周围仪器设备设施的功能不产生影响的功能室，如集料室或土工室等；精密天平应设独立台座，不得放置在正对空调出风口处，并对其使用时的环境条件严格控制，避免量值的不稳定和不准确（图4.29）。

（6）贵重的小型外检仪器设备应在外检室中专柜存放，专人管理。

4.8.3 安装调试

按照使用说明书、试验规程等的要求和操作步骤，由仪器设备供应方的专业人员或试验室设备管理人员对仪器设备进行正确安装与调试，并满足安全、环保等要求。

图4.28　沸煮箱隔离　　　　　　　图4.29　精密天平独立台座

（1）有固定要求的仪器设备，应按使用说明书、操作规程及有关标准进行固定，包括击实仪、振动台、摇筛机等产生振动的仪器设备。

（2）电动仪器设备调试前应检查输入电压是否正常，且应有漏电保护和接地装置，使用三相电的仪器设备应注意检查电机正转、反转。

（3）调试前，应按照使用说明书要求，对电动仪器设备进行预热，同时检查控制器、计算机连接和控制程序是否符合要求。

（4）标准养护室在安装调试完成后，应对整个系统进行校验，包括温湿度传感器的准确度、灵敏度，显示器的准确度；制冷、制热设备的功率；加湿器的雾化能力；制冷、制热、加湿设备工作后，温度、湿度是否能够控制在要求范围内等。

（5）仪器设备在调试时，环境温度、湿度应满足要求；如发现问题应及时处理，并认真填写仪器设备安装调试记录或质量验收记录。

4.9　办公设施

工地试验室应配备必要的办公设施，办公环境应保持整洁、干净、舒适、通风和采光良好。

（1）办公室宜设计成单间式或半开放式办公室（图4.30），保证授权负责人有独立的办公区域，试验检测人员每人使用面积不小于$6m^2$。

（2）办公室应配备办公桌椅、文件柜、计算机、打印机、复印机、空调等办公设备，具备上网条件，为试验检测人员提供良好的工作环境。

（3）资料室应配备一定数量的金属文件柜（图4.31），布置摆放整齐，并采取防火、防盗、防潮、防蛀等措施。

（4）有条件的工地试验室可设立小型会议室，配备会议桌椅、多媒体放映等办公设施（图4.32）。

图4.30　办公室

图4.31　资料室　　　　　　　　　图4.32　小型会议室

4.10　交通工具

工地试验室应根据合同要求、工作内容和距离配备一定数量、性能较好的专用车辆，保证现场取样、外业检测和外委试验检测等工作顺利开展。

4.11　体系与文化建设

（1）工地试验室由于组织结构、工作流程相对简单，可按照母体试验室的质量管理体系文件，结合工程特点，将工地试验室涉及的必要管理要求、技术要求建立各项管理制度和作业指导书，形成工地试验室质量管理体系文件。

（2）工地试验室管理制度主要包括但不限于：

①试验室工作职责；

②主要岗位人员工作职责；

③试验检测人员管理制度；

④试验检测仪器设备（参考标准、有证标准物质）管理制度；

⑤样品管理制度；

⑥化学品（试剂）管理制度；

⑦环境管理制度；

⑧标准、文件管理制度；

⑨试验检测记录、报告管理制度；

⑩试验检测工作程序及质量管理制度；

⑪外委试验管理制度；

⑫档案资料管理制度；

⑬不合格报告制度；

⑭检测事故分析报告制度。

（3）工地试验室在运行前，应开展质量管理体系文件和各项管理制度的宣贯和培训工作，并将各项制度落实到人，加强考核和检查，确保各项管理制度能得到有效执行，并做好相应记录。

（4）工地试验室可通过宣传、教育、培训和文化娱乐等方式，积极营造"诚实守信、科学规范"的工地试验检测文化氛围，将"科学、客观、严谨、公正"的理念，融入到具体试验检测工作中。

①提倡在工地试验室院内、外墙上制作与行业管理、项目建设和企业文化元素相结合，简捷、美观的宣传标牌、标语（图4.33）。

②在院内可设立公告栏，内容包括与质量管理、廉政建设等相关的法律法规、信息发布、先进事迹等。

③在工程开工前、施工过程中组织开展法律知识、案例和质量病害、事故等的宣讲、教育活动；倡导试验室内部和试验室间的技术交流，组织技术培训、岗位竞赛。

④如果条件具备，可设置文体活动场所，增强职工体质，丰富文化生活（图4.34）。

图4.33　企业、项目建设文化

图4.34　文体活动设施

5 工地试验室管理

5.1 职责范围

工地试验室按照规定到项目质监机构登记备案后,在母体试验室授权的业务范围内,为工程建设现场提供试验检测服务并出具试验检测报告,不得对外承揽试验检测业务,不得对社会出具试验检测报告。

5.2 组织机构

工地试验室应建立完善的组织机构,通过组织机构框图和岗位职责描述表明各部门、各岗位的职责和相互关系。

5.2.1 组织机构框图

(1)为表明工地试验室的隶属关系和各工作室之间的关系,绘制内部和外部组织机构框图。用方框图表示各管理单位、岗位或相应的工作室,箭头表示管理的指向,通过箭头将各方框连接,明确各管理单位、岗位或工作室在组织机构中的地位及相互之间的关系。

(2)内部组织机构框图内容根据工地试验室的特点、大小和职责等因素来确定,包括工地试验室名称、授权负责人、各工作室等相互之间的组织结构关系。

(3)外部组织机构框图内容表示工地试验室的地位和外部关系,实线表明与母体试验室等直接管理部门的关系,虚线表示与项目建设单位、质监机构等间接管理部门的关系。

5.2.2 岗位职责

(1)工地试验室实行授权负责人责任制,授权负责人对工地试验室运行管理工作和试验检测活动全面负责,主要有以下职责:

①审定和管理工地试验室资源配置,确保工地试验室人员、设备、环境等满足试验检测工作需要。签发工地试验室出具的试验检测报告,对试验检测数据及报告的真实性、准确性负责。对违规人员有权辞退。

②建立完善的工地试验室质量保证体系和管理制度，包括人员、设备、环境以及试验检测流程、样品管理、操作规程、不合格品处理等各项制度，并监督各项制度的有效执行。

③严格按照国家和行业标准、规范、规程以及合同的约定独立开展试验检测工作。有权拒绝影响试验检测活动公正性、独立性的外部干扰，保证试验检测数据客观、公正、准确。

④实行不合格品报告制度，对于签发的涉及结构安全的产品或试验检测项目不合格报告，工地试验室授权负责人应在2个工作日之内报送项目建设单位，抄送项目质量监督机构，并建立不合格试验检测项目台账。

（2）制定各工作室和关键人员岗位职责，以试验检测为主线，把整个试验检测过程的职责落实到各工作室和各关键岗位，做到全覆盖、不空缺、不重叠，界定清楚、职责明确。

（3）工地试验室的各工作室和关键人员岗位应包括各工作室负责人、仪器设备管理员、样品管理员、资料管理员和试验检测人员等。

（4）明确各工作室和各关键岗位人员应具备的基本素质、专业知识和工作经验等，对试验检测人员进行能力考核和确认，确定其相应的工作岗位。

5.3 人员

（1）工地试验室应建立试验检测人员管理制度，加强人员考勤管理，确保人员实际在岗和相对稳定，因特殊情况确实需要变动的，应按照有关规定及时办理变更手续。一般试验检测人员变更需由母体试验室提出申请，经项目建设单位批准；授权负责人变更需由母体试验室提出申请，经项目建设单位批准报项目质监机构备案。

（2）建立健全人员档案资料，一人一档，档案内容包括个人简历、身份证、毕业证、资格证、聘（任）用关系证明、培训和考核记录等资料的彩色扫描件或复印件（原件可由母体试验室留存）。

（3）工地试验室在人员配备完成后，填写《试验检测人员一览表》（附录6表JLBG01），并将试验检测人员的姓名、工作岗位、证书编号、照片等信息制作成上墙图框悬挂在办公室，予以公示，接受监督。

（4）试验检测人员作业时应统一着装和佩戴胸卡，胸卡尺寸为：宽×高=85mm×55mm，内容包含工地试验室名称、姓名、工作岗位、证书编号、照片（二寸免冠照）等信息（图5.1）。

（5）重视试验检测人员知识更新，积极参

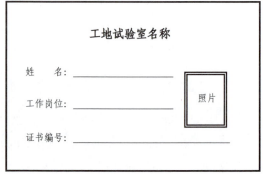

图5.1 胸卡图例

加继续教育和新标准、规范等培训，填写《试验检测人员培训情况登记表》（附录6表JLBG 02），不断提高试验检测人员业务水平，保证其专业基础知识和试验检测能力与所从事的试验检测工作岗位相适应。

（6）加强试验检测人员职业道德培训和教育，严格遵守国家法律法规和行业管理规定，严守职业道德，独立、规范地开展试验检测工作，保证试验检测数据科学、客观、准确，并对试验检测结果承担法律责任。

5.4 仪器设备

工地试验室应建立试验检测仪器设备管理制度，按照本指南4.8内容在仪器设备配置和安装调试结束后，填写《试验检测仪器设备（参考标准、有证标准物质）一览表》（附录6表JLBG 03），并从仪器设备检定/校准、使用、维护、维修、期间核查、移动、闲置与报废和档案管理等环节加强管理。

5.4.1 检定/校准

仪器设备的检定/校准工作应遵循科学、经济、量值准确和就地就近的原则，根据仪器设备的实际使用情况，确定科学合理的检定/校准周期，通过检定/校准和功能检验等方式对仪器设备进行量值溯源管理，确保仪器设备性能良好、量值准确，满足工地试验检测工作需要。检定/校准的实施（包括管理方式、依据标准和计量参数等）应符合《公路工程试验检测仪器设备检定/校准指导手册》（质监综字〔2013〕5号，可登录国家道路与桥梁工程检测设备计量站查询或下载）有关规定。

（1）对于主要用于测量单一物理量（如质量、长度等）的通用计量器具，共计115种。一般应送至质量技术监督部门依法设置的计量检定单位或具备相应仪器设备测量能力的专业计量站、校准实验室进行检定/校准，并取得检定或校准证书。

（2）对于公路工程专用试验检测仪器设备，共计150种〔详见《交通运输部办公厅关于发布公路工程试验检测仪器设备计量管理目录的通知》（厅科技字〔2012〕305号），可登录国家道路与桥梁工程检测设备计量站查询或下载〕，应视具体情况区别对待：

①已取得质量技术监督部门授权的交通运输部部门最高计量标准（7种）。可以将此类仪器设备送至国家道路与桥梁工程检测设备计量站，或参加其集中检定/校准活动，或送至经过其量值传递的地方交通运输专业检定站进行检定/校准，并取得检定或校准证书。

②虽未取得交通运输部部门最高计量标准，但已有可以依据的公开发布的技术文件（如检定规程等，46种）。可送至质量技术监督部门授权建立的检定单位进行检定/校准，并取得检定或校准证书。也可委托有技术能力的机构（如有关技术文件的编制单位、科研单位等）或按自校验管理方式，根据《公路工程试验检测仪器设备检定/校准指导手

册》所示的"依据标准"和"计量参数"进行测试,并取得测试报告。实施具体测试工作的机构应具有明确的测试工作管理程序,并按照依据标准要求,配备相应人员、设备、环境、场地等条件,规范地开展仪器设备测试工作,编制测试报告,留存相应技术和管理记录。

③未取得交通运输部部门最高计量标准,且没有可以依据的公开发布的技术文件(97种)。可参照《公路工程试验检测仪器设备校准指南》(人民交通出版社,2011年)等相关参考书籍,或自行或委托有能力的单位(如有关科研院所、高校、大型仪器设备研发及生产单位等)编制仪器设备测试工作的指导性技术文件,采取机构间比对或自校验等管理方式,对所列出的计量参数进行检验,并编制比对或测试报告,留存相应技术和管理记录。

(3)对于无量值输出的工具类仪器设备,采取自行维护的管理方式,根据仪器设备产品标准、试验检测方法等技术文件,定期对仪器设备进行功能核查,保证其功能运转正常,并留存相应技术和管理记录。

> **提示**:对于可以自校验的仪器设备,如果等级试验检测机构具备条件和能力可以开展相应的自校验工作。工地试验室原则上不允许开展自校验工作。如确需且具备条件,也应在母体试验室计量专业人员的指导下开展。

(4)对仪器设备进行检定时,一般应检验全部计量参数;对仪器设备进行校准、测试时,可根据具体试验检测工作的需要,有选择地检验全部或部分计量参数,以免造成不必要的浪费。

(5)仪器设备取得检定/校准证书后,需对校准(测试)结果与试验检测工作要求进行符合性确认,必要时要考虑修正因子,并形成确认记录。对于有规定技术条件或标准的仪器设备,将检定/校准结果(示值误差和测量不确定度)与技术条件或标准进行比较,判定该仪器设备能否使用;对于没有规定技术条件或标准的仪器设备,可根据被测对象和测量方法计算出(扩展)测量不确定度,然后与被测量值的技术要求进行比较,应不超过被测量值最大允许偏(误)差的1/3,判定该仪器设备能否使用或限制使用的条件。

(6)对于仪器设备的检定/校准周期,如有公开发布的技术文件(如计量检定规程)规定的,原则上应当遵循;对于使用频率极高的仪器设备,应视情况缩短检定/校准周期;对于极少使用的,可以规定使用前检定/校准,以降低经济成本;在检定/校准周期内,仪器设备如存在修理、搬运、移动等情况,应重新进行检定/校准。仪器设备在检定/校准结束后,填写《试验检测仪器设备计量管理情况登记表》(附录6表JLBG 04)。

5.4.2 标识管理

工地试验室的所有仪器设备应实行标识管理，包括管理和使用状态两种标识。

（1）仪器设备的管理标识（仪器设备管理卡，图5.2），内容包括设备名称、设备编号、规格型号、出厂编号、生产厂家、购置日期、管理人员（与仪器设备管理档案中的信息应一致），尺寸为：宽×高=85mm×55mm，管理卡可用硬质材料或普通纸张塑封制作，不易变形且可重复利用，固定在仪器设备上；对于小型仪器，可以做成小吊牌系在仪器设备上。

单位名称			
设备名称			
设备编号		规格型号	
出厂编号		生产厂家	
购置日期		管理人员	

图5.2 仪器设备管理卡（图例）

（2）仪器设备的使用状态，分为"合格"、"准用"、"停用"三种，分别用"绿"、"黄"、"红"三色标签进行标识（图5.3），应保证标签规格统一、信息完整。

图5.3 管理和使用状态标识

①合格标识（绿色）：适用于经检定或校准或验证后达到使用量值和功能要求的仪器设备、量具。标识内容至少应包含设备编号、检/校单位、检/校日期、有效日期等信息。

②准用标识（黄色）：适用于某一功能或某一指标达不到仪器设备本身要求，但又可以限制使用的仪器设备。标识内容至少应包含设备编号、检/校单位、检/校日期、有效日期、使用范围等信息。

③停用标识（红色）：适用于仪器设备损坏，经检定或校准或验证技术指标达不到使用要求的；超过检定或校准或验证周期的；怀疑仪器设备有失准问题的，封存备用的。

标识内容至少应包含设备编号、开始停用时间等信息。

（3）对于小型且不易粘贴标识的仪器设备，可采用微型编号进行标识。如：环刀、铝盒等可用钢号码（字母）进行标识；玻璃量具可在专用标识框内或刻画进行标识；温度计可在适当位置悬挂带编号的金属或硬质材料铭牌进行标识；各类试模可用油漆喷涂编号或悬挂带编号铭牌进行标识（图5.4）。

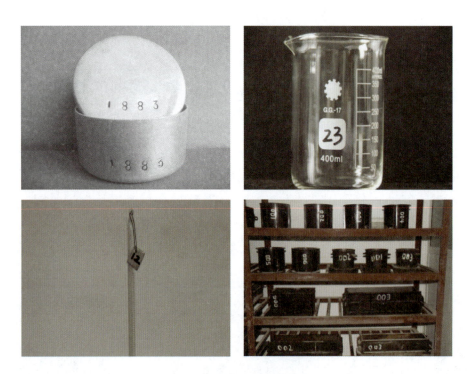

图5.4　微型编号标识

（4）以上标识或微型编号应固定在仪器设备本身明显且不影响操作的部位，过期的使用状态标识要及时清理，保证标识状态有效。

5.4.3　使用、维护、维修

仪器设备应按照规定正确操作使用，并注意日常维护和维修。

（1）对于大型、操作复杂的仪器设备应根据作业指导书或使用说明书、试验规程等编制操作规程，按照要求制作成上墙图框，固定在仪器设备对应墙上，方便指导试验检测人员规范操作和正确使用仪器设备。

（2）试验检测人员在仪器设备操作时，应进行运行前检查，严格按照操作规程进行操作。仪器设备对应墙上可采用硬面夹悬挂装订成薄的《试验检测仪器设备使用记录》（附录6表JLBG 05），底边距离地面高度为120cm，在操作前和结束后及时填写使用记录。

（3）仪器设备在使用过程中，试验检测人员应注意人身和设备安全，使用完毕后应切断电源、清扫现场，保持仪器设备的清洁。

（4）设备管理员应定期对仪器设备进行维护保养，确保仪器设备使用状态良好，并及时填写《试验检测仪器设备维护记录》（附录6表JLBG 06）。

（5）仪器设备发生故障（缺陷）时，应由专业人员进行维修和调试，并经检定/校准等方式证明其功能指标已恢复方可继续使用，并及时填写维修记录。

（6）对于自动数据采集和处理的仪器设备，应在正式使用前对数据处理系统进行准确性验证，同时应定期做功能性检查并予以状态标识，确保数据准确、可靠。

5.4.4　期间核查

工地试验室应加强仪器设备期间核查管理，制定期间核查计划，开展有效的期间核查，填写《试验检测仪器设备期间核查情况登记表》（附录6表JLBG 07），确保试验检测数据准确可靠。

（1）期间核查宜遵循"有必要、有条件"的原则，并非所有的仪器设备都必须期间核查。对于性能不稳定、使用频率高和经常携带运输至现场进行检测的以及在恶劣环境下使用的仪器设备应进行期间核查。如果检定周期较长，有可能在检定周期内发生量值偏离和功能异常，无法继续保持检定/校准状态，有必要开展期间核查。

（2）期间核查需要一定人员、设备、场地、环境条件以及标准物质等，一些仪器设备的核查方法和标准要求的条件十分苛刻，工地试验室很难满足。对于应该进行，但又没有条件实施期间核查工作的仪器设备，可委托专业机构或具有相应能力的母体试验室开展此项工作。

（3）工地试验室应当认真甄别需要进行期间核查的仪器设备，既要避免遗漏需要期间核查的仪器设备，又要避免对没有必要或没有条件的仪器设备开展无效或不科学的期间核查，造成不必要的资源浪费。对于有必要而又无条件开展期间核查的仪器设备，也可采用适当缩短检定周期的方式处理。

（4）进行期间核查的方法常见的有以下四种：
①（试验室间、仪器设备间、方法间）比对；
②使用有证标准物质验证；
③与相同准确等级的另一个设备或几个设备的量值进行比较；
④对稳定的被测件的量值重新测定（即利用核查标准进行期间核查）。

5.4.5　移动、闲置与报废

（1）仪器设备在工地试验室不同功能室之间或者在同一建设项目同母体授权的不同工地试验室之间移动时，应做好检查验收工作，确保设备受控。

（2）工地试验室在正常运行后，各功能室摆放的仪器设备和辅助工具应全部经过检定/校准或功能验证合格且与工程建设项目相关。

（3）对于数量配置有富余或与工程建设无关且性能正常的仪器设备应存放在储藏室，并做好相应登记，如果有需要的时候经检定/校准合格后可正常使用。

（4）对于损坏、经检定不合格、性能无法确定的仪器设备可存放在储藏室，进行保养或维修后仍不能正常使用的，可按照有关程序进行报废处理或清理出试验室，并做好相应登记。

5.4.6 档案管理

为掌握仪器设备的技术状态，便于调查和分析试验检测事故的原因，仪器设备应从购置环节开始建立档案，并实施动态管理，及时补充相关的信息和资料内容。

（1）仪器设备档案宜按一台一档的方式建立。

（2）同类型的多台（件）小型仪器设备可以集中建立一套档案，如百分表、铝盒、玻璃器皿、温度计等，但每台（件）仪器设备应建立唯一性管理（微型编号）标识。

（3）仪器设备档案的内容一般包括：

①仪器设备履历表：设备名称、设备编号、规格型号、生产厂家、出厂编号、购置日期、购置价格、测量范围、准确度、调配情况、管理人员等；

②仪器设备的装箱单、说明书、合格证等技术文件；

③仪器设备的验收记录、历次检定/校准报告、证书、记录。

④仪器设备的使用、维护、维修、期间核查记录。

（4）工地试验室的仪器设备如果从母体试验室调配，设备档案中的原件可由母体试验室留存，工地试验室将必要的资料复印带到工地试验室即可；仪器设备如果为工地新购置的，则应按照以上要求建立完整档案；工程结束后，可将档案原件和新增加的资料归回母体或购置单位。

5.5 参考标准和有证标准物质

工地试验室应建立参考标准和有证标准物质管理制度，参考标准和有证标准物质应由专人保管，并对使用维护进行记录。参考标准和有证标准物质除应满足以上对仪器设备的相关要求外，还应注意以下事项：

（1）参考标准是具有量值传递功能的试验室最高计量标准，应由法定的计量检定机构进行检定。工地试验室可以采用的参考标准一般有标准砝码、标准温度计、天平、尺、百分表、秒表、钢砧等。参考标准作为试验室内部的最高标准器具一般用于自校验、期间核查工作，不得将其作为工作计量器具使用，不得借出其他试验室使用。

（2）工地试验室可能使用到的有证标准物质一般有水泥细度（比表面积）标准粉、

邻苯二甲酸氢钾（混合磷酸盐、硼砂）pH标准物质、水泥胶砂流动度标准样等，应妥善保存有证标准物质的技术文件，建立统一的有证标准物质档案，便于查询和使用。技术文件应包含标准物质名称和编号、研制单位和生产单位名称、地址及联系方式、包装、储存和运输方式、特性量值及测量方法、标准物质的不确定度、均匀性和稳定性的说明、有效期、使用中的注意事项及必要的参考文献和CMC标记等信息。工地试验室使用到的标准砂、基准水泥等可按照消耗材料进行严格管理。

（3）使用人员应严格按照程序使用参考标准和有证标准物质，定期进行维护保养，一旦有异常，应及时上报并通过重新检定合格与否来判定是否可以继续使用。不合格的参考标准和超期失效的标准物质应报废或销毁。

（4）母体试验室应对参考标准和有证标准物质的购置、处置、运输、储存和使用等环节进行指导和监督检查，保证其存放与使用符合国家有关规定。

5.6 样品

工地试验室应建立样品管理制度，对样品的取样、运输、标识、流转、留样与处置等全过程实施严格控制和管理。

5.6.1 取样与运输

（1）工地试验室收到材料进货通知后应及时对材料进行取样，取样方法应符合标准、规程要求，取样数量应满足试验检测需要，同时考虑留样数量要求。取样规格、数量和方法等详见附录4。

（2）取样时填写《样品取样单》（附录6表JLBG 08），取样人应在取样单上签字，如有见证人应同时签字。

（3）在现场取样进行试验检测时，可将取样单上的内容直接填写在试验检测原始记录上，如与环境存在关联，还应有环境信息。

（4）取样结束后应填写《样品取样登记表》（附录6表JLBG 09），取样单应与试验检测原始记录、试验报告一并存档。

（5）在运输过程中应保证样品不受损、不丢失，保证不会影响样品的完整性和试验检测结果的准确性。

5.6.2 标识与流转

（1）为确保每个样品在流转过程中不会发生混淆并具有可追溯性，应对样品进行唯一性标识，内容包含样品名称、样品编号、规格型号、取样日期、流转状态等信息，尺寸为：宽×高=12cm×8cm（图5.5）。

（2）样品标识应清晰，制作标识的材料应根据标识与样品的连接方式确定，保证样品在流转过程中不损坏、不灭失，并能够在其上面进行书写。

①如果可能，样品标识可直接粘贴在样品上（如工字钢、橡胶支座等）；

②桶装和瓶装样品标识可直接粘贴在包装正面（图5.6）；

图5.5　样品标识

图5.6　桶装水泥、沥青样品、瓶装外加剂样品标识

③钢材及连接件、袋装样品标识可粘贴在与标识尺寸相同的有穿孔的吊牌上（可采用胶合板、铝塑板、薄金属板等制作），并用金属丝等将其与样品或包装袋连接（图5.7）；

④水泥混凝土、水泥胶砂、砂浆等试件可用防水墨汁或颜料笔对试件表面进行标识，内容包括样品编号、制件日期等信息，同时确保试件不被损坏；

⑤多试件组成的样品，每个试件都应进行标识。

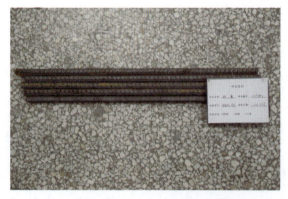

图5.7　钢筋、袋装样品标识

（3）样品在流转过程中应根据试验检测工作开展情况，及时在样品标识上标明其流

转状态；水泥混凝土、水泥胶砂、砂浆等试件应在出入标准养护室（箱）时填写《标准养护室（箱）试件出入登记表》（附录6表JLBG 10）。

5.6.3 制备与使用

（1）样品应根据相关的标准和试验检测方法准备、制备或成型。

（2）样品在试验检测使用过程中不得发生任何混淆、变质、污染、损坏、丢失等现象，如果发生异常应及时处置，并重新取样。

（3）具有危害和危险的样品在使用过程中应严格按照相关的安全防护规定和要求操作。

5.6.4 留样

（1）留样内容

①水泥、外加剂、沥青、粉煤灰、钢材及连接件等宜按相关规定进行留样，其他材料可视需要将其留样；

②样品检验不合格，但检验后的样品可以表现其质量状态的应同时将其留样，如钢材（包括焊接件样品）等；

③现场钻取的芯样（如水泥混凝土结构物和路面等关键部位的芯样）、水泥混凝土等试件残体如有必要也可留样；

④外委试验样品如必要时可留样；

⑤不易保存的现场试验检测或隐蔽工程的检测必要时可拍照或留有影像资料。

（2）留样数量

样品的留样数量应满足样品进行所检测项目需要的用量，可参照附录4。

（3）留样方式

样品的留样方式应视样品的特性采用不同的方法，确保样品在留样期间质量特性不发生变化。留样应进行标识，包括样品名称、样品编号、规格型号、取样日期、留样日期、留样期限等信息，尺寸为：宽×高=12cm×8cm（图5.8）。

①水泥、沥青、外加剂等材料样品采用筒装密封并贴上封条；

②砂、石等材料如留样可采用袋装封存，钢材及连接件采用捆绑保存，并贴上封条（图5.9）。

```
┌─────────────────────────────────┐
│           留样标识              │
│                                 │
│  样品名称：_____ 样品编号：_____ │
│                                 │
│  规格型号：_____ 取样日期：_____ │
│                                 │
│  留样日期：_____ 留样期限：_____ │
└─────────────────────────────────┘
```

图5.8　留样标识

（4）留样期限

①水泥、外加剂、沥青等原材料的样品保留期限一般不少于90天；

②现场钻取芯样等样品应根据工程进度自行确定留样期限；

③水泥混凝土等试件残体保留期限一般不少于30天；

④所有不合格样品应长期保留，直到处理意见闭合，相关单位批准后方可处置。

图5.9　水泥、钢筋留样

（5）留样存放

①所有留样样品应存放在留样室，分类、整齐有序地摆放在样品架上（图5.10），填写《样品留样登记表》（附录6表JLBG 11）。样品的存储环境应符合相关要求，如有毒、有害及易燃的样品应设专区存放。

②如果怀疑产品存在质量问题，可能会发生争议，应共同留样。

图5.10　留样室

5.6.5　处置与销毁

样品的处置与销毁应符合安全和环保要求，一般样品经试验检测合格后即可自行处理，水泥等样品应至留样期限满无异议后自行处理，水泥混凝土等试件残体应堆放整齐，按建筑垃圾集中处理。

5.7　化学品（试剂）及其他耗材

工地试验室应建立化学品（试剂）管理制度，从购买、存放、领用、使用及处置等环节加强管理；化学品（试剂）可通过包装上标签的内容确定是否属于危险化学品，如果属于危险化学品，应严格按照《危险化学品安全管理条例》（国务院令第591号）等有关规定进行管理。

5.7.1 购买

化学品（试剂）应即买即用，不得大量长期储存；购买时应以最小包装为购买单元；对购买的化学品（试剂）、蒸馏水等应进行验收，确认其包装、标识、成分、有效期等是否满足要求，建立验收记录，填写《化学品（试剂）购置情况登记表》（附录6表JLBG 12）。不得使用超出有效期的化学品（试剂）。

5.7.2 存放

一般化学品（试剂）应分类存放于柜内（图5.11），室温保持在5~30℃之间且避光通风，并对其进行定期查看，保证化学品（试剂）密封性良好，并在保质期内；如果属于危险化学品应分区分类用金属专柜存放，并张贴危险警示标志（图5.12）。

图5.11 一般化学品存放

图5.12 危险化学品存放

5.7.3 领用

（1）化学品（试剂）应由专人保管，用多少领多少，谁用谁领谁签字，填写《化学品（试剂）领用记录》（附录6表 JLBG 13），做到账物相符。

（2）危险化学品实行双人双锁管理，当天领取当天使用并把余量交回，专人用专人领，谁用谁领谁签字谁负责。

5.7.4 使用及处置

（1）使用化学品（试剂）的人员应接受过专业培训，具备相应能力，熟练掌握化学品（试剂）的性质、使用和操作规范。

（2）使用危险化学品时，要采用有效的防护和应急处理措施；应有专业人员在场监督，以防操作失误、发生危险、造成伤害；一旦发生危险或事故能够共同积极采取措施，防止事态扩大，迅速报告或报警。

（3）标准溶液应严格按照试验规程进行配制，填写《标准溶液配制记录》（附录6表JLBG 14），配制好的溶液应进行标识，内容包括溶液名称、溶液浓度、介质、配制日期、有效期限、配制人等信息（图5.13）。标准溶液的标定按照《化学试剂 标准滴定溶液的制备》（GB/T 601—2002）进行。

  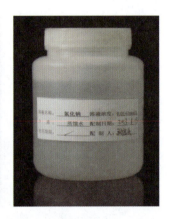

图5.13 标准溶液配制标识

（4）注意化学品（试剂）的存放期限，一些化学品（试剂）在存放过程中会逐渐变质，甚至形成危害。

（5）化学品（试剂）柜和试剂溶液均应避免阳光直晒及靠近暖气等热源。要求避光的试剂应装于棕色瓶中或用黑纸或黑布包好存放于暗处。

（6）发现化学品（试剂）包装（瓶）上标签将要掉落时应立即贴好标签。无标签或标签无法辨认的化学品（试剂）要当成危险物品重新鉴别后小心处理，不可随便乱扔，以免引起严重后果。

（7）化学品（试剂）定位放置、用后复位、节约使用。但多余的化学品（试剂）不准倒回原瓶。

（8）对废弃的化学品（试剂）及试验检测过程中产生的废液严禁随意处置，应做到分类放置、妥善处置，符合安全环保要求。

5.7.5 其他耗材

（1）ISO标准砂

①标准砂应通过定点销售单位购买，购买时应检查包装统一，密封完好，袋内有生产厂家产品合格证，严禁使用不合格产品或无合格证产品。

> **提示**：标准砂包装一般每大袋为20.25kg，内装15小袋，每小袋净重为1350g±5g。可根据厂家提供的检测报告，对其质量进行送检。也可自行对标准砂的湿含量进行检测，其湿含量以样品105~110℃下烘2小时质量损失来测定，以干基的质量百分数表示，应小于0.2%。

②在搬运和堆码过程中应轻拿轻放，防止包装袋的破损，同时杜绝与尖刺物品接触。做到入室储存，堆码现场应干燥、通风、干净。原则上不直接与地面接触，用木托盘或防雨布隔开。堆码极限不得超500kg，室内防止阳光直晒。应定期对标准砂的保管进行检查。

（2）基准水泥

①基准水泥为混凝土外加剂检测专用（由中国建筑材料科学研究总院研制），应符合《混凝土外加剂》（GB 8076—2008）附录A质量要求。基准水泥采用塑料袋密封包装，净质量25kg±0.5kg/袋。

②基准水泥应置于阴凉干燥处储存，避免阳光直射，冬季防止霜冻。每次使用后，注意封口。正常保存条件下，基准水泥的有效储存期为半年。

5.8　环境控制

工地试验室应建立环境管理制度，对各功能室的采光、卫生、温度、湿度、噪声、振动、污染等进行严格管理和控制。

（1）标准养护室（箱）有温度、湿度监控记录要求，仪器设备附近墙体可采用硬面夹悬挂装订成薄的《标准养护室（箱）温、湿度监控记录》（附录6表JLBG 15），底边距离地面高度为120cm，按规定时间、频次做好监控记录。

（2）工作环境保持清洁、整齐、有序；仪器设备、辅助工具布置摆放要便于工作，无与试验检测工作无关的杂物。

（3）对化学危险品应按照有关规定，加强严格管理，确保不泄漏、不流失、不扩散、不会对试验检测人员和公共安全造成危害。

（4）对试验检测过程中可能产生的高温、高电压、撞击要制订制度、预案，确保有相应的预防、控制、保护、防护措施。

（5）对试验检测过程中产生的废气、废液、粉尘，应有相应的设备进行有效合理排放；不得造成人身伤害和环境污染。

（6）对水、电、火、气等也应建立切实可行的管理制度和检查制度，并认真执行和落实。

5.9　标准、方法

（1）工地试验室应建立标准、文件管理制度，按照母体试验室授权开展的试验检测项目和参数，配备齐全相应的标准、规范、规程和设计文件等技术资料（可参考《公路试验检测数据报告编制导则》释义手册　附录2），并进行确认和受控管理，填写《标准（规范、规程）一览表》（附录6表JLBG 16），便于查阅和管理。

（2）对使用的标准、方法可通过标准查新机构或网站等有效可靠的途径进行不间断的跟踪确认和更新，确保在用的标准、方法均为现行有效。

（3）如果标准、方法更新，工地试验室应根据变更情况，执行有关变更程序，及时采用新标准且受控，并在《标准（规范、规程）一览表》及过期标准、规范和规程上标注"作废"字样。

（4）工地试验室应按照相关技术标准或规范要求，使用适合的方法和程序实施试验检测活动，优先选择国家标准、行业标准、地方标准；如果缺少指导书可能影响试验检测结果，应制订相应的作业指导书。试验方法与结果判定依据应相匹配。

> **提示**：当行业标准独立于国家标准时，优先选用行业标准；当行业标准引自于国家标准时，优先采用最新标准；根据判定标准选择试验方法。

5.10　记录、报告

工地试验室应建立试验检测记录、报告管理制度，严格按照相关技术标准或规范要求和规定的程序，及时、规范填写各项记录，出具试验检测报告，保证试验检测数据和结果客观、准确。

5.10.1　记录分类

（1）记录是管理体系运行结果和记载检测/校准数据、结果的证实性文件。记录一般分为管理记录和技术记录两类。管理记录是指试验室管理体系活动中所产生的记录，技术记录是进行试验检测所得的数据和信息的积累，也是试验检测是否达到规定的质量或过程参数所表明的信息。

（2）工地试验室由于工作流程简单，管理记录相对较少，主要以人员、设备、标准规范、化学品（试剂）等管理为主；技术记录包括与试验检测工作有关的仪器设备使用、环境监控、现场取样、试验检测原始记录等。

（3）记录主要以表格形式出现，此外也有文字形式，必要时还有实物样品、照片、录像、计算机磁盘等，可以是任何一种媒体形式。记录按介质可分为纸质记录、照片和影像记录、电子文件。

5.10.2 记录特性

记录具有溯源性、真实性、完整性和准确性。

（1）溯源性：溯源性是指通过记录的信息可追溯试验检测过程的各环节和要素，并能还原整个检测过程，因此记录的信息应尽可能详尽，包括记录有关样品、试验检测过程的完整信息；

（2）真实性：真实性是指如实的记录当时当地进行的试验检测的情况，包括试验检测过程中的数据、现象、仪器设备、环境条件等信息；

（3）完整性：完整性是指记录中涉及或影响报告中检测结果、数据和结论的因素都必须完整、详细，应能使未参加检测的同专业人员从记录上查得审核报告所需的全部信息；

（4）准确性：准确性包括试验检测所测得原始数据、计算、修约的正确性，以及环境条件、设备状态等信息的准确性。

5.10.3 记录格式

（1）工地试验室的试验检测数据报告格式和要素、记录表和报告的编制应符合《公路试验检测数据报告编制导则》（JT/T 828—2012）要求，或直接使用符合导则要求的试验检测数据处理软件，记录和报告的填写内容、方法可参照《公路试验检测数据报告编制导则释义手册》填写示例。

（2）为规范工地试验室其他记录（包括管理和技术记录）表格格式和管理，本指南根据正文的先后顺序，对应编制了记录表格格式及填写示例（见附录6）。工地试验室可以直接使用，也可根据当地具体情况或要求，进行调整或补充。

（3）为便于工地试验室管理、识别、使用、归档这些管理和技术记录表，本指南将工地试验室所涉及的各类常用管理和技术记录表统一简称为"记录表格"，并采用"JLBG"+"流水号"进行唯一性标识编码（管理编码）。

5.10.4 记录填写

记录的填写、更改、保存等应符合有关规定，保证记录填写及时、规范，信息齐全、完整，互相衔接、对应，能够有效溯源已经过去的试验检测管理和技术活动（工作）过程。

（1）记录应在工作的当时予以填写，不允许事后补记或追记，以使记录保持其溯源（原始）性；仪器设备自动打印的数据，作为原始数据应与试验检测记录表一起保存；进行现场检测的仪器设备自动采集储存的数据应及时备份，检测结束后将检测数据打印，按照相应规范进行数据处理；电子版的原始记录、报告中的计算公式、计算结果应进行确认。

（2）记录应使用黑色签字笔或纯黑色墨水钢笔填写，文字、数字字迹清晰端正，且笔画应粗细均匀；名词、术语使用统一规范、准确。

①文字、数字书写要标准，要求不出格，一般占表格1/2~2/3的范围，并略偏于格下方；

②记录填写应完整，不得有空缺，如无内容填写，其填写的方法是在空白的适中位置画一横线，如果纵向有几行均无内容填写，亦可用一斜线代之；内容与上项相同时，应重复抄写，不得用"……"或"同上"表示；

③数字要上下对齐、左右对齐并按规定保留小数位数，且小数点后数字应比整数数字提高半格书写；

④日期一律按年、月、日顺序横写，年份按四位数填写，月、日按两位数填写，如：2001年05月07日，2001-05-06；时间按24小时制，小时、分一律用两位数字填写，并以符号"："分开。

（3）记录不得任意涂改，在填写记录出现笔误后，在笔误的文字或数据上用原使用的笔墨画一横线，再在笔误处的上行间或下行间填上正确的文字和/或数值，或在旁边填写正确内容并签名（对确实无地方签名的，可加在备注栏注明），并使原数据仍可辨认。

（4）记录中的任何签署都应签署全名，同时尽可能的清晰易辨，不允许有姓无名或有名无姓情况存在；样品名称应按标准名称填写，不得使用自造简化字；电子版的信息记录还应采取适当的措施，防止数据的丢失或未经批准擅自修改记录。

5.10.5　报告

（1）报告是试验检测工作的最终产品，表明被检对象的质量信息。报告应编写规范，内容完整，数据、图片、术语准确无误，判定科学、公正、明确。

（2）试验检测报告填写或打印完毕后，由试验检测操作人员签字，然后提交报告审核人员进行审核，并加盖工地试验室印章视为报告有效。报告应至少一式两份，并按照要求及时归档。

（3）为方便查询和管理，工地试验室应按照试验检测项目的分类填写《试验检测结果报告台账》（样品信息与试验检测结果报告对应索引台账，附录6表JLBG 17）。

（4）对于不合格材料，应建立不合格报告制度，按照有关规定上报并进行处理，填写《不合格试验检测结果报告台账》（附录6表JLBG 18）。

> **提示**：样品取样单（包括取样登记表）、试验检测仪器设备使用记录、试验检测原始记录、报告和试验检测台账等信息应相互对应和关联，具有可溯源性。

5.11 试验检测工作管理

工地试验室应建立试验检测工作程序及质量管理制度，保证试验室在运行和实际工作中满足相关标准要求和有关规定，确保试验检测工作质量。

（1）试验检测人员应按照试验室岗位和专业配置划分，从事与自己专业和能力相适应的试验检测项目和参数操作。

（2）试验检测工作前，应按照相关标准要求，提前做好与所开展试验检测项目和参数相关的功能室环境条件和仪器设备预热要求等准备工作，并进行性能检查，做好仪器设备使用前的记录。

（3）试验检测过程应严格按照相关标准、方法规范操作，不得随意简化或调整操作程序，并同步做好试验检测原始记录。

（4）进行仪器设备（包括危险化学品、化学试剂、溶液配制、玻璃器皿）操作时，应严格按操作规程执行，做好安全防护，注意试验室和人身安全。

（5）现场进行试验检测时，应注意风、寒、湿、热等环境对试验检测结果的影响，并进行环境条件记录。

（6）试验检测工作结束后，应填写仪器设备使用记录，认真做好现场清理工作，关闭水电。

5.12 外委试验管理

工地试验室应建立外委试验管理制度，加强外委试验管理，严格按照有关规定进行外委试验。

（1）工地试验室应按照母体试验室授权的试验检测项目和参数开展试验检测活动，对未授权、不具备试验检测条件或能力、仪器设备使用频率非常低且价格昂贵的试验检测项目和参数可进行外委，外委试验应由项目建设单位审查并报备项目质监机构。

（2）交通安全设施、机电工程一般不设立工地试验室，进场材料和过程控制可委托等级（资质）条件符合本章节第（4）条要求的试验检测机构开展。

（3）对涉及结构安全的工程关键部位或监控项目，如桥梁荷载试验、隧道超前预报、监控量测等可委托等级（资质）条件符合本章节第（4）条要求的试验检测机构开展，其中隧道超前预报、监控量测和质量检测项目宜委托为同一家试验检测机构。

（4）接受委托的试验检测机构应取得《公路水运工程试验检测机构等级证书》（含相应参数）和《资质认定计量认证证书》（含相应参数），且证书在有效期内，上年度信用等级为B级及以上。

（5）外委试验应签署委托合同，且应留有本章节第（4）条要求被委托方提供的等级

（资质）证书复印件等能力证明材料，并建立档案。

（6）外委试验取送样程序、检验频率、取样数量、方法及委托的试验检测参数等应符合有关规定（可参考附录3、附录4执行），填写《外委试验管理台账》（附录6表JLBG 19），并按照试验检测项目分类填写《试验检测结果报告台账》。工地试验室应对外委试验结果进行确认。

（7）试验检测机构在同一公路水运工程项目标段中不得同时接受业主、监理、施工等多方的试验检测委托。

（8）外委试验委托应遵循回避原则，不得将外委试验工作委托给与委托方有直接利益关系的试验检测机构。

5.13 试验检测资料管理

工地试验室应建立试验检测档案资料管理制度，严格按照档案管理规定和项目建设要求进行分类、整理、归档，按照资料形成的先后顺序或项目完成情况与工程同步进行。

5.13.1 资料内容

工地试验室的试验检测资料除了前面提到的记录和报告外，还应包括与工地试验室管理相关的资料和档案，主要内容包括但不限于：

①各项管理制度、岗位责任制；
②工地试验室授权、登记备案有关资料；
③上级部门下发的技术和管理文件、会议纪要等；
④标准、规范、规程；
⑤试验检测人员档案；
⑥仪器设备（参考标准、有证标准物质）档案；
⑦各级管理部门检查提出的整改要求及整改报告；
⑧管理记录和试验检测台账；
⑨试验检测数据记录、报告；
⑩照片和影像记录；
⑪电子文件。

5.13.2 整理归档

（1）试验检测资料可根据《归档文件整理规则》（DA/T 22—2000）、《建设工程文件归档整理规范》（GB/T 50328—2001）、《公路建设项目文件材料立卷归档管理办法》（交办发〔2010〕382号）等规定进行整理归档。

（2）纸质试验检测资料的组卷应遵循试验检测资料的形成规律和成套性特点，保持卷内文件的有机联系，分类科学、组卷合理，符合档案管理要求。

（3）案卷装订使用的材料应符合档案保护的要求，简便易行。装订后要求达到结实、整齐、不掉页、不倒页、不压字、不损坏文件、不妨碍阅读与复制。由文字性（或表格）材料组成的案卷一般都采取三孔一线的方法装订。孔距总长度大致为140~160mm，中孔到边孔长度为70~80mm，卷脊距装订线的垂直距离15~20mm。装订一律在左侧，结头放在案卷后面。装订时可将卷内文件的底边和右边取齐。

（4）案卷不宜过厚，一般不超过40mm，卷内文件应有目录及备考表，案卷封面和脊背皮填写应统一、清晰、美观，案卷装订应整齐。

（5）纸质试验检测资料归档应完整、成套、系统，可以根据工程建设程序和特点分期分阶段进行，也可以在单项工程或单位工程完成并通过竣工验收后与竣工验收文件一起归档。

（6）工地试验室资料如有照片和影像记录、电子文件可按照《照片档案管理规范》（GB/T 11821—2002）、《电子文件归档与管理规范》（GB/T 18894—2002）等规定执行。

5.13.3 保存期限

（1）工程建设任务结束后，工地试验室应将试验检测记录和报告等资料按照档案管理和项目建设要求整理、归档，及时移交项目建设单位档案管理部门；将其他试验检测资料整理、归档，移交母体试验室管理，作为母体试验室资质换证复核的试验检测业绩。

（2）属于工地或母体试验室保存的资料，应按照有关规定，确定记录保存的期限（不同类别的资料可能保存期限不同），记录的保存期一般不得低于产品的寿命期或责任期；有永久保存价值的记录，应整理成档案，长期保管，同时做好防蛀虫、防潮、防盗等安全保护措施。

5.14 信息化管理

《交通运输部办公厅关于印发工地试验室标准化建设要点的通知》（厅质监字[2012]200号）和《公路试验检测数据报告编制导则（JT/T 828—2012）》及释义手册的发布为工地试验室推行信息化建设创造了基础条件。各公路建设项目参建单位可以通过逐步构建统一的工地试验检测信息化管理平台，提高试验检测工作效率、减少人为差错、实现数据资源共享，同时有利于试验检测管理的科学与规范，为工程质量管理提供分析决策。工地试验室信息化管理平台可由以下几个子系统组成（图5.14）：

（1）记录、报告标准化子系统：按照《公路试验检测数据报告编制导则》有关规定，提供统一规范的记录、报告文件标准格式，能自动按照现行标准、规程对原始数据进行计算、绘图、数字修约，提示平行超差，给出正确的试验检测结果判定和规范的检测结论。

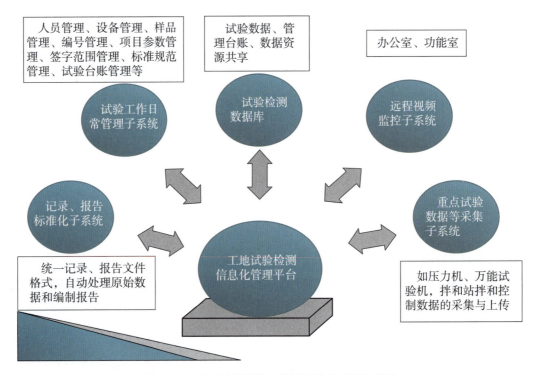

图5.14　工地试验检测信息化管理平台功能示意图

（2）试验工作日常管理子系统：提供人员管理、设备管理、标准规范管理、样品管理、项目参数管理、试验台账管理等功能模块，并能做到互联共享。

（3）重点试验数据等采集子系统：通过对压力机、万能材料试验机、恒应力压力机、电动抗折试验机等安装自动采集设备，实现对水泥混凝土（抗压强度、抗折强度）、砂浆（抗压强度）、岩石（抗压强度）、钢筋、钢筋焊接及机械连接（屈服强度、抗拉强度）、水泥（抗压强度、抗折强度）等检测项目参数的试验检测数据自动采集及上传，确保数据的原始性和真实可靠。另外，拌和站的质量控制与管理也是保证工程质量的重要环节，有条件的建设项目可对拌和站要求安装自动采集设备，对相关数据的采集与上传一并纳入管理。

（4）试验检测数据库：将各类试验数据（包括自动采集上传数据）、管理台账、人员及设备等信息传到"试验检测数据库"，可根据管理的不同需求，对各类数据进行统计分析，并通过网络技术，为不同质量管理部门提供查询、管理、监督的服务功能，实现数据资源共享与交流。

（5）远程视频监控子系统：为加强工地试验室检测人员的考勤管理和规范其检测行为，杜绝人员挂证不到岗、代签试验检测记录报告、不做试验出报告等不良现象，建设远程视频监控子系统是行之有效的手段。

5.15 母体授权管理

（1）母体试验室对授权工地试验室应履行指导和监管职责，对工地试验室的建立和运行实施全方位、全过程管理，并对工地试验室的违规和失信行为承担相应的管理责任。

（2）在工地试验室设立过程中，母体试验室应按照标准化建设要求，对工地试验室的驻地建设、人员、设备配置、环境条件、体系和文化建设等方面进行符合性检查和指导，满足要求后方可对工地试验室进行授权。

（3）如有标准、规范更新或新的行业管理办法发布，母体试验室应及时通知工地试验室参加相应培训和宣贯，及时更换和使用最新的标准、规范及相应的仪器设备，认真贯彻落实最新的行业管理规定。

（4）母体试验室应督促工地试验室的试验检测人员积极参加继续教育活动，认真开展信用评价工作，并在母体试验室和所有授权工地试验室范围内开展比对试验活动，提高工地试验检测工作质量和试验检测数据的准确性。

（5）工地试验室在开始运行后，母体试验室应定期或不定期对工地试验室运行管理情况进行检查，并对检查发现的问题提出整改要求和期限，跟踪整改过程并闭合确认，形成检查记录和报告，在母体试验室和工地试验室分别存档备查。

（6）工地试验室应建立授权管理档案，包括母体试验室等级证书正本、副本复印件，授权书、母体试验室检查及反馈情况记录等内容；母体试验室也应按照相应内容建立工地试验室授权管理档案，每个授权工地试验室建立一套档案，便于日常管理和接受监督检查。

附录

附录1　标准养护室建设、运行实施方案

标准养护室对环境温度、湿度要求高，涉及内容多，是试验室建设和运行的薄弱环节，尤其对于工地试验室。为规范标准养护室的建设和管理，本指南结合有关标准、规范以及前面章节提到的内容，提出以下建设、运行实施方案：

1.1　房屋建设

（1）工地试验室标准养护室的建筑面积应根据工程建设高峰期试件养护的最大数量、样品架的容量及占用面积、室内共用面积以及所选用的温湿度控制仪主机的功率等内容确定。做到既可以充分利用空间，又可以从结构尺寸上减少热交换面、渗水面，而且不能阻碍空气流动，达到保温、保湿的目的。

（2）标准养护室宜设置缓冲间（过渡间），按照里外套间的格局进行修建或改建。缓冲间面积满足温湿度控制仪、主机安装及维修且不影响试件搬运即可。进入缓冲间的门和进入标准养护室的门不宜相对设置。

（3）如果工程建设高峰期试件养护相对集中且数量与日常试件养护数量相比明显增大，则建议工地试验室设置两个标准养护室（两套温湿度控制设备），面积可以一大一小且共用一个缓冲间（过渡间），这样既可以保证标准养护效果，同时可以在非高峰期间只开启一个标准养护室，降低运行成本且节约能耗。

（4）新建标准养护室，可采取增加墙体材料厚度、采用温度传导系数低且保温隔热性能好的墙体材料、选择反光性高的材料颜色等方法，提高标准养护室的保温效果，降低养护设备日常运行、维护成本。如标准养护室可采用彩钢板搭建，接缝处进行密封处理，紧贴夹芯板内侧，砌筑空心砖墙，并用防水砂浆抹面或粘贴PVC防水板，房顶加保温层吊顶方式建立。

（5）如租用既有房屋改建标准养护室，可在房中建房，将原有窗户进行封堵，用保温隔热防水材料将原墙体、天花板隔开（两者之间可以是空气夹层），接缝处进行密封处理；如果租用的房屋面积较大，可将其前后隔成里外套间（设置缓冲间）。

（6）标准养护室的地面应设置防水隔离层，隔离层可采用防水卷材类、防水涂料类和沥青砂浆等材料。地温对标准养护室温度有影响的地区，地面应设置保温层，保温层可采用炉渣、火山渣、矿渣、废砖瓦等。地面面层可采用防水混凝土浇筑，防水砂浆抹面，不得铺设瓷砖。地面应设置蓄水沉淀池（防止堵塞喷头），安装顶盖；地面应设有一定坡度的放射状或环形水槽，水槽断面尺寸和数量满足防止地面积水、形成养护水回流，且不影响养护架摆放，水槽应与蓄水沉淀池间相通。

（7）标准养护室的门应采用防潮、防水、保温、隔热、密封性好的材料制作。如果设置观察窗，可采用中空玻璃；门的合页宜采用弹簧合页；门框周边镶橡胶条；门下与地面之间的缝隙应采用"扫地条"胶条处理。

（8）标准养护室内不设置窗户，应采用防水电源线和防水灯具，保证采光满足工作需求；标准养护室应接入上下水。

1.2 设备配置

（1）标准养护室应配备全自动温度、湿度同步控制设备，主要包括：恒温主机（工业变频制冷机组，具备制冷、制热、除湿功能）、温湿度传感器、超声波加湿、雾化设备、系统控制箱、液晶显示屏等，其中温度和湿度控制传感器应设置在标准养护室使用空间的中心点，不得靠近墙壁；温湿度控制仪、主机不得安装在其他功能室。在温湿度探头位置悬挂经过检定/校准的温湿度计。

（2）标准养护室应配备一定数量的样品架（养护架），满足高峰期对试件养护数量的最大需求；样品架应具有一定的刚度，可制成标准件，现场组合安装，提高建设效率，每个样品架及层位安装后应进行编号（样品架的制作材料、尺寸及编号规则详见本指南4.4.2有关内容）；样品架的分层搁架应镂空处理，保证试件养生效果。

（3）各供应方的设备有所不同，标准养护室的温度、湿度控制设备应请供应方的专业人员进行安装调试，并对设备的维护方法进行指导。在选择设备时应提前考察或咨询有关单位或专业机构，了解供应方的售后服务质量，并考虑向供应方提出必要的要求。

（4）安装调试完成后，应对整个温湿度控制系统进行检定、校准。确认制冷、制热设备的功率，加湿器的雾化能力等。标准养护室的温度偏差、湿度偏差、温度均匀性、湿度均匀性、温度波动性、湿度波动性检测按《环境试验设备温度、湿度校准规范》（JJF 1101—2003）进行。

（5）标准养护室温度、湿度控制设备的温度、湿度传感器应通过检定/校准，并提供温度在18～22℃之间，相对湿度大于95%的温度偏差值和相对湿度偏差值。温度控制传感器的控温范围应在修正温度偏差后，设定为20℃±2℃；相对湿度控制传感器应在修正相对湿度偏差后，设定为温度在22℃时，标准养护室相对湿度最低处的相对湿度大于95%。

1.3 运行管理

（1）工地试验室应加强标准养护室的运行管理。在运行期间，进入缓冲间的门和进入标准养护室的门不宜同时开启，且出入时应及时关闭，以减少与外界空气交换带来的温湿度的波动。

（2）标准养护室的温度、湿度监控记录宜使用经过检定/校准的温度、湿度自动记录仪，可以免去人工记录的工作量、提高记录频次和自动存储、随时调取记录信息。

（3）注意标准养护室的卫生环境，及时清理地面水槽内的渣滓；注意养护用水的清洁、更换，以免影响设备的正常运行和造成事故；注意各种传感器的清洁工作，以免影响其灵敏度；注意观察标准养护室局部温湿度的异常情况，发现问题及时分析原因、及时解决。

（4）试件按照有关要求制作并进行有效标识后，应及时摆放到标准养护室中经过编号的养护架上进行养护，试件间距为10～20mm。加湿装置应保证养护水完全雾化，不得采用喷淋装置，避免用水直接冲淋试件。试件出入应进行登记管理。

附录2　试验室环境温度、湿度控制要求一览表

项目	试验检测参数	温度、湿度控制要求	依据标准
集料	粗集料磨光值	加速磨光温度：20℃±5℃； 试验前2h和试验过程温度：20℃±2℃	JTG E42—2005《公路工程集料试验规程》
水泥	1.比表面积	相对湿度：≤50%	GB/T 8074—2008《水泥比表面积测定方法　勃氏法》
水泥	2.胶砂强度	试验温度：20℃±2℃，相对湿度：≥50% 养护箱温度：20℃±1℃，相对湿度：≥90% 养护水温度：20℃±1℃	GB/T 17671—1999《水泥胶砂强度检验方法（ISO法）》
水泥	3.安定性 4.凝结时间 5.标准稠度用水量	试验温度：20℃±2℃，相对湿度：≥50% 水泥、砂、水和试验用具等温度：20℃±2℃ 养护箱温度：20℃±1℃，相对湿度：≥90%	GB/T 1346—2011《水泥标准稠度用水量、凝结时间、安定性检验方法》
水泥	6.胶砂流动度	试验温度：20℃±2℃，相对湿度：≥50%	GB/T 2419—2005《水泥胶砂流动度测定方法》
水泥混凝土、砂浆	1.混凝土试件成型（室内）及养护	成型温度：20℃±5℃，相对湿度>50% 标准养护温度：20℃±2℃，相对湿度>95%	JTG E30—2005《公路工程水泥及水泥混凝土试验规程》 GB/T 50080—2002《普通混凝土拌和物性能试验方法标准（附条文说明）》
水泥混凝土、砂浆	2.混凝土凝结时间 3.泌水率	试验温度：20℃±2℃	
水泥混凝土、砂浆	4.砂浆试件养护	标准养护温度：20℃±2℃，相对湿度>90% 混合砂浆养护温度：20℃±2℃，相对湿度60%～80%	JGJ/T 70—2009《建筑砂浆基本性能试验方法标准（附条文说明）》 JTG E30—2005《公路工程水泥及水泥混凝土试验规程》
水泥混凝土、砂浆	5.混凝土干缩率	试验温度：20℃±2℃，相对湿度60%±5%	JTG E30—2005《公路工程水泥及水泥混凝土试验规程》
无机结合料稳定材料	无侧限抗压强度	标准养护温度：20℃±2℃，相对湿度≥95% 高温快速养护温度：60℃±1℃，相对湿度≥95%	JTG E51—2009《公路工程无机结合料稳定材料试验规程》
钢筋（含接头）	1.屈服强度 2.抗拉强度 3.伸长率 4.弯曲 5.反向弯曲	10～35℃ 焊接接头拉伸、弯曲试验：除非另有规定，试验环境温度应为23℃±5℃。	JGJ/T 27—2001《钢筋焊接接头试验方法标准（附条文说明）》 GB/T 228.1—2010《金属材料拉伸试验第1部分：室温试验方法》

注：实际使用时应采用最新版本标准中相应的规定。

附录3 试验检测项目/参数检验频率一览表

说　明

1. 本附录"工程类别"主要分为路基工程、桥梁工程、隧道工程、路面工程（底基层、基层、沥青面层、水泥混凝土面层）、交通安全设施5类。工地试验室可根据《公路工程质量检验评定标准》（JTG F80/1—2004）（第一册 土建工程）工程类别划分对应参照执行。

2. "试验检测项目/参数"列为公路工程工地试验室主要检验或外委的原材料、过程质量控制（不包括已完工程实体质量检验）的常用试验检测参数。

3. "施工检验频率"列主要依据产品质量标准、工程施工技术规范等编写，但部分试验检测参数的施工检验频率无明确规定，本附录将此类参数对应的信息栏用斜体或"/"标注（用斜体字标注的，为检验频率参考值；用"/" 标注的，满足项目具体规定即可）；监理抽检频率依据《公路工程施工监理规范》（JTG G10—2006）开展。

4. "依据标准"列由于表格容量限制，只列出了标准（规范）代号，完整的标准（规范）代号、名称详见附录5（《标准（规范、规程）引用一览表》）。

5. 本附录可作为工地试验室开展试验检测工作时的技术参考，工地试验室在确定具体检验频率时，还应满足项目招标等合同组成文件有关规定。

6. 工地试验室在应用本附录过程中，若有关参数的施工检验频率已有明确规定，应予以执行；当标准规范发生更新时，其相应内容应按最新版本予以调整；当本附录内容与标准（规范）要求有出入时，应以标准（规范）规定为准。

试验检测项目/参数检验频率一览表

工程类别：路基工程（一）

类别	试验检测项目/参数		施工检验频率	依据标准	检验程序	备注
原材料检验	土	1.颗粒分析；2.界限含水率；3.最大干密度；4.最佳含水率；5.CBR	1次/料场/部位（按照路床、路堤区分）	JTG F10—2006	施工单位按规定频率自检，监理单位按规定频率抽检	/
	岩石	1.单轴抗压强度	1次/料场，有怀疑时随时检测			
	原地面土	1.颗粒分析；2.界限含水率；3.最大干密度；4.最佳含水率；5.天然含水率	至少2处/km，土质变化大时，视具体情况增加			
	土工合成材料	1.抗拉强度；2.延伸率；3.梯形撕裂强度；4.顶破强度；5.厚度；6.单位面积质量；7.垂直渗透系数；8.土工格栅土工网网孔尺寸	1次/批，每10000m²为1批	JTG/T D32—2012	施工、监理单位分别取样并外委	/
过程质量控制	地基承载力		必要时	JTG D63—2007	施工、监理单位可共同检验	/
	填土天然含水率		每天使用前	JTG F10—2006	施工单位按规定频率自检，监理单位按规定频率抽检	/
	土方路基压实度		施工过程中每一压实层每1000m²至少检验2点，不足1000m²时检验2点，必要时根据需要增加检验点数			
	结构物台背填土压实度		每压实层每50m²不少于1点	JTG/T F50—2011		
	平整度		每200m测2处×10尺	JTG F10—2006		
	土方路基弯沉		每一双车道评定路段（不超过1km）测定80~100个点		施工、监理单位可共同检验	/
料源确定	1.在选取土场时，应在上述试验检测参数的基础上增加天然稠度、有机质含量及烧失量的检验； 2.每个土场所有试验检测参数检验1次，同时注意膨胀土、失陷性黄土等特殊土的判别和使用； 3.施工单位通过试验选定土场/石场后，监理单位进行验证试验，并根据试验结果确定土场/石场					

试验检测项目/参数检验频率一览表

工程类别：桥梁工程（二）

类别		试验检测项目/参数	施工检验频率	依据标准	检验程序	备注
原材料检验	粗集料	1.筛分；2.密度；3.吸水率；4.含泥量；5.泥块含量；6.针片状颗粒含量；7.压碎值	1次/批，不超过400m³或600t为1批，小批量进场的宜以不超过200m³或300t为1批	JTG/T F50—2011	施工单位按规定频率自检，监理单位按规定频率抽检	/
		8.含水率	每次拌和前			
		9.坚固性；10.软弱颗粒含量	有怀疑时			
	细集料	1.筛分；2.密度；3.含泥量；4.泥块含量；5.亚甲蓝值MBV	1次/批，不超过400m³或600t为1批，小批量进场的宜以不超过200m³或300t为1批			
		6.含水率	每次拌和前			
		7.压碎值；8.坚固性	必要时			
	岩石	1.单轴抗压强度	1次/批，每1000m³为1批			
	水泥	1.密度；2.细度/比表面积；3.标准稠度用水量；4.凝结时间；5.安定性；6.胶砂强度；7.胶砂流动度	1次/批，袋装水泥每200t为1批，散装水泥每500t为1批			
	水	1.pH值；2.氯离子含量；3.不溶物含量；4.可溶物含量；5.硫酸盐及硫化物含量	1次/1水源，或怀疑受污染时	JGJ 63—2006	施工、监理单位分别取样并外委	/
	外加剂	1.pH值；2.氯离子含量；3.总碱量；4.含固量；5.含水率；6.密度；7.细度；8.硫酸钠含量	1次/批，掺量大于等于1%同品种的外加剂每100t为1批，掺量小于1%的外加剂每50t为1批，不足100t或50t的也按一批计	GB8076—2008		
		9.减水率；10.泌水率比；11.抗压强度比；12.含气量；13.凝结时间差；14.收缩率比	需要进行型式试验时做1次			
	粉煤灰	1.细度；2.需水量比；3.烧失量；4.三氧化硫含量；5.比表面积	1次/批，每200t为1批，不足200t按1批计	GB/T1596—2005		
	钢筋	1.重量偏差；2.屈服强度；3.抗拉强度；4.伸长率；5.弯曲	1次/批，每批不超过60t	JTG/T F50—2011 JGJ18—2012	施工单位按规定频率自检，监理单位按规定频率抽检	/
	焊接接头	1.屈服强度；2.抗拉强度；3.弯曲	1次/批，每批不超过300个（件）箍筋闪光对焊，直径为10mm及以下，1200个为1批；直径为12mm及以上，600个为1批			
	机械接头	1.抗拉强度	1次/批，每批不超过500个			

续上表

类别	试验检测项目/参数		施工检验频率	依据标准	检验程序	备注
原材料检验	钢绞线	1.外观尺寸	逐盘卷	GB/T 5224—2003 JTG/T F50—2011	施工、监理单位分别取样并外委	/
		2.每米质量；3.整根钢绞线最大力；4.规定非比例延伸力；5.最大力总伸长率；6.弹性模量；7.应力松弛性能	1次/批，每批质量不大于60t			
	锚具	1.锚固效率系数；2.总应变	每生产组批抽3个组装件的用量，每批不超过2000件（套）	GB/T 14370—2007 JTG/T F50—2011		/
		3.洛氏硬度	GB/T 14370：每炉装炉量的3%～5%；JTG/T F50：3%且不少于5套，每批不超过2000件（套）			
	橡胶支座	1.抗压弹性模量；2.抗剪弹性模量；3.抗剪黏结性能；4.抗剪老化；5.四氟板与不锈钢板表面摩擦系数；6.容许转角；7.极限抗压强度	1次/批	JT/T 4—2004	施工、监理单位分别取样并外委	行标和国标均未对每批次的数量进行规定，建议同型号、同规格、同批号为1批
	伸缩装置	1.外形尺寸；2.外观质量；3.组装质量；4.防水性能	1次/批	JT/T 327—2004		
	波纹管	1.外观质量；2.外观尺寸；3.环刚度；4.局部横向载荷；5.柔韧性；6.抗冲击性；7.径向刚度；8.抗渗漏	1次/批，JT/T 529塑料波纹管每批数量不超过10000m；JG 225金属波纹管每半年或累计50000m生产量为1批，取产量最多的规格	JT/T 529—2004 JG 225—2007		/
过程质量控制	水泥混凝土抗压强度		浇筑一般体积结构物，每一单元结构物制取不少于2组；连续浇筑大体积结构物时，每200m³或每一工作班取不少于2组；每片梁板长16m以下制取1组，16～30m制取2组，31～50m制取3组，50m以上不少于5组	JTG/T F50—2011	施工单位按规定频率自检，监理单位按合同频率抽检	满足质量评定要求
	水泥砂浆抗压强度		重要及主体砌筑物，每一工作班应制取2组；一般及次要砌筑物，每一工作班应制取1组			
	水泥混凝土坍落度		随时检查		随时抽查	/
料源确定	1.在原材料料源选定时，应在上述原材料试验检测参数的基础上增加：粗集料硫化物及硫酸盐含量、有机物含量、碱活性试验；细集料氯化物、硫化物及硫酸盐含量、云母含量、轻物质含量、有机质含量及碱活性试验；粉煤灰游离氧化钙、活性指数的检验； 2.各种原材料所有试验检测参数每料场检验1次； 3.施工单位通过试验选定各种原材料料源后，监理单位进行验证试验，并根据试验结果确定料源					
配合比设计	各种原材料检验合格后方可进行水泥混凝土/砂浆等配合比设计，同时监理单位应对各种配合比进行复核验证，必要时应请相关技术专家对标准配合比进行把关和优化					

试验检测项目/参数检验频率一览表

工程类别：隧道工程（三）

类别		试验检测项目/参数	施工检验频率	依据标准	检验程序	备注
原材料检验	粗集料	1.筛分；2.密度；3.吸水率；4.含泥量；5.泥块含量；6.针片状颗粒含量；7.压碎值	1次/批，不超过400m³或600t为1批；小批量进场的宜以不超过200m³或300t为1批	参照 JTG/T F50—2011	施工单位按规定频率自检，监理单位按规定频率抽检	/
		8.含水率	每次拌和前			
		9.坚固性；10.软弱颗粒含量	有怀疑时			
	细集料	1.筛分；2.密度；3.含泥量；4.泥块含量；5.亚甲蓝值MBV	1次/批，不超过400m³或600t为1批；小批量进场的宜以不超过200m³或300t为1批			
		6.含水率	每次拌和前			
		7.压碎值；8.坚固性	必要时			
	水泥	1.密度；2.细度/比表面积；3.标准稠度用水量；4.凝结时间；5.安定性；6.胶砂强度；7.胶砂流动度	1次/批，袋装水泥每200t为1批，散装水泥每500t为1批			
	水	1.pH值；2.氯离子含量；3.不溶物含量；4.可溶物含量；5.硫酸盐及硫化物含量	1次/1水源，或怀疑受污染时	JGJ 63—2006		/
	外加剂	1.pH值；2.氯离子含量；3.总碱量；4.含固量；5.含水率；6.密度；7.细度；8.硫酸钠含量	1次/批，掺量大于等于1%同品种的外加剂每100t为1批，掺量小于1%的外加剂每50t为1批，不足100t或50t的也按1批计	GB 8076—2008	施工、监理单位分别取样并外委	速凝剂每20t为1批，不足20t也按1批计
		9.减水率；10.泌水率比；11.抗压强度比；12.含气量；13.凝结时间差；14.收缩率比	需要进行型式试验时			
	粉煤灰	1.细度；2.需水量比；3.烧失量；4.三氧化硫含量；5.比表面积	1次/批，每200t为1批，不足200t按1批计	GB/T 1596—2005		/
	钢筋钢板工字钢	1.重量偏差；2.屈服强度；3.抗拉强度；4.伸长率；5.弯曲	1次/批，每批不超过60t	GB/T 706—2008 GB/T 700—2006 GB 1499.2—2007 GB 1499.1—2008 GB/T 1499.3—2010	施工单位按规定频率自检，监理单位按规定频率抽检；工字钢、钢板、钢管施工，监理单位分别取样并外委	/

续上表

类别	试验检测项目/参数		施工检验频率	依据标准	检验程序	备注
原材料检验	钢管	1.屈服强度；2.抗拉强度；3.伸长率；4.压扁	1次/批，外径不大于76mm且壁厚不超过3mm，每400根为1批；外径大于351mm，每50根为1批；其他尺寸每200根为1批	GB/T 8163—2008	施工、监理单位分别取样并外委	/
	焊接接头	1.屈服强度；2.抗拉强度；3.弯曲	1次/批，每批不超过300个（件）箍筋闪光对焊，直径为10mm及以下，1200个为1批；直径为12mm及以上，600个为1批	JGJ 18—2012		
	止水条/带	1.硬度；2.拉伸强度；3.断裂伸长率；4.压缩永久变形；5.撕裂强度；6.热空气老化后的硬度变化、拉伸强度、扯断伸长率；7.橡胶与金属粘合	1次/批，同品种、同规格每500m为1批	GB 18173.3—2002 GB 18173.2—2000		
	防水板	1.长、宽、厚度；2.拉伸强度；3.断裂延伸率；4.不透水性；5.低温弯折性；6.加热伸缩量	1次/批，每5000m²为1批	GB 18173.1—2012		
过程质量控制	水泥混凝土抗压强度		浇筑一般体积结构物，每一单元结构物应制取2组；连续浇筑大体积结构物时，每80～200m³或每一工作班应制取2组	JTG F60—2009	施工单位按规定频率自检，监理单位按规定频率抽检	满足质量评定要求
	水泥砂浆抗压强度		重要及主体砌筑物，每一工作班应制取2组；一般及次要砌筑物，每一工作班应制取1组			
	喷射混凝土抗压强度		双车道隧道每10延米至少在拱部和边墙各制取1组，每喷射50～100m³或小于50m³的独立工程不得少于1组			
	锚杆拉拔力		按锚杆数的1%且不少于3根做拉拔力试验			/
料源确定	1.在原材料料源选定时，应在上述原材料试验检测参数的基础上增加：粗集料硫化物及硫酸盐含量、有机物含量、碱活性试验；细集料氯化物、硫化物及硫酸盐含量、云母含量、轻物质含量、有机质含量及碱活性试验；粉煤灰游离氧化钙、活性指数检验；2.各种原材料所有试验检测参数每料场检验1次；3.施工单位通过试验选定各种原材料料源后，监理单位进行验证试验，并根据试验结果确定料源					
配合比设计	1.各种原材料检验合格后方可进行水泥混凝土/砂浆等配合比设计，同时监理单位应对各种配合比进行复核验证，必要时应请相关技术专家对标准配合比进行把关和优化；2.喷射混凝土配合比设计应结合现场施工工艺和工序进行优化					

试验检测项目/参数检验频率一览表

工程类别：路面工程（底基层、基层）（四）

类别		试验检测项目/参数	施工检验频率	依据标准	检验程序	备注
原材料检验	土	1.颗粒分析；2.液限塑限	每种土使用前测2个样品，使用过程中每2000m³测2个样品	JTJ 034—2000	施工单位按规定频率自检，监理单位按规定频率抽检	/
		3.有机质和硫酸盐含量	对土有怀疑时做此试验			
		4.含水率	每天使用前测2个样品			
	集料	1.颗粒分析；2.（级配砾石或级配碎石中0.5mm以下的细土）液限塑限	使用前测2个样品，使用过程中每2000m³测2个样品			
		3.相对毛体积密度、吸水率；4.压碎值	使用前测2个样品，砂砾使用过程中每2000m³测2个样品，碎石种类变化重做2个样品			
		5.含水率	每天使用前测2个样品			
	水泥	1.密度；2.细度/比表面积；3.标准稠度用水量；4.凝结时间；5.安定性；6.胶砂强度；7.胶砂流动度	1次/批，袋装水泥每200t为1批，散装水泥每500t为1批	参照 JTG/T F50—2011		
	粉煤灰	1.烧失量	做材料组成设计前测2个样品；1次/批，每200t为1批，不足200t按1批计	GB/T 1596—2005 JTJ 034—2000	施工、监理单位分别取样并外委	/
	石灰	1.有效氧化钙镁含量；2.细度；3.未消化残渣含量	做材料组成设计和生产使用时分别测2个样品，以后每月测2个样品	JTJ 034—2000	施工单位按规定频率自检，监理单位按规定频率抽检	/
过程质量控制		厚度	每1500~2000m²6个点	JTJ 034—2000	施工单位按规定频率自检，监理单位按规定频率抽检	/
		平整度	每200延米2处，每处连续10尺（3米直尺）			
		级配	1次/2000m²			
		含水率、压碎值	据观察，异常时随时试验			
		水泥或石灰剂量	1次/2000m²，至少6个样品			
		拌和均匀性	随时观察			
		压实度	每一作业段或不超过2000m²检查6次以上			
		无侧限抗压强度	稳定细粒土，每一作业段或每2000m²6个试件；稳定中粒土和粗粒土，每一作业段或每2000m²6个或9个试件			
料源确定			1.在原材料料源选定时，各种原材料所有试验检测参数每料场检验1次；2.施工单位通过试验选定各原材料料源后，监理单位进行验证性试验，并根据试验结果确定料源			
配合比设计			1.各种原材料检验合格后方可进行基层混合料配合比设计和试验（包括最大干密度；最佳含水率；水泥（石灰）剂量；标准曲线）；同时监理单位应对各种配合比进行复核验证；2.在基层混合料配合比设计过程中应加做水泥延迟时间试验，为现场碾压施工提供技术支撑			

试验检测项目/参数检验频率一览表

工程类别：路面工程（沥青面层）（四）

类别		试验检测项目/参数	施工检验频率	依据标准	检验程序	备注
原材料检验	粗集料	1.筛分；2.针片状颗粒含量；3.压碎值；4.磨耗值	1次/批	JTG F40—2004	施工单位按规定频率自检，监理单位按规定频率抽检	不同省份、不同项目对批次具体定义不尽相同。建议每500t为1批
		5.含水率；6.吸水率；7.密度	必要时			
	细集料	1.筛分；2.砂当量；3.密度；4.亚甲蓝值MBV；5.小于0.075mm含量	1次/批			建议每200t为1批
		6.棱角性；7.含水率	必要时			
	矿粉	1.筛分；2.含水率	1次/批			建议每50t为1批
		3.密度；4.亲水系数；5.塑性指数；6.加热安定性	必要时			
	沥青	1.密度；2.针入度；3.延度；4.软化点；5.TFOT/RTFOT后耐老化性能；6.布氏旋转黏度；7.改性沥青弹性恢复率；8.改性沥青的离析	1次/批			建议每100t为1批
		9.闪点；10.矿料的黏附性	必要时			
	乳化沥青	1.蒸发残留物含量；2.微粒粒子电荷；3.筛上剩余量；4.标准黏度；5.蒸发残留物溶解度、针入度、延度、软化点	1次/批			
		6.水泥拌和试验筛上残留物；7.储存稳定性	必要时			

续上表

类别	试验检测项目/参数	施工检验频率	依据标准	检验程序	备注
过程质量控制	密度、马歇尔稳定度、流值、空隙率、矿料间隙率、最大理论密度	每台拌和机每天1~2次，以4~6个试件平均值评定	JTG F40—2004	施工单位按规定频率自检，监理单位按规定频率抽检	确定标准密度等
	动稳定度	必要时			/
	沥青用量、矿料级配	逐盘在线监测		随时检查	计算机采集数据计算
		逐盘检查，每天汇总1次取平均值评定			
		每台拌和机每天1~2次，以2个试样平均值评定		每天汇总	总量检验
	马歇尔残留稳定度	必要时			室内试验结果与标准级配比较
	厚度	每2000m²一点单点进行评定		施工单位按规定频率自检，监理单位按规定频率抽检	/
	压实度	每2000m²检查1组，逐个试件评定并计算平均值			
	平整度	连续测定			
	渗水系数	每1km不少于5点，每3点取平均值			
料源确定	1.在原材料料源选定时，应在上述原材料试验检测参数的基础上增加粗集料磨光值、坚固性、与沥青的黏附性试验；增加细集料的坚固性试验；增加沥青的蜡含量试验、乳化沥青的破乳速度、黏附性、裹覆面积检验； 2.各种原材料所有试验检测参数每料源检验1次； 3.施工单位通过试验选定各原材料料源后，监理单位进行验证性试验，并根据试验结果确定料源					
配合比设计	1.各种原材料检验合格后方可进行沥青面层混合料配合比设计，同时监理单位应对各种配合比进行复核验证； 2.应根据混合料类型验证配合比的水稳定性能、高温稳定性、低温稳定性和渗水性能等耐久性指标和使用性能指标，必要时应请相关技术专家对标准配合比进行指导和优化					

试验检测项目/参数检验频率一览表

工程类别：路面工程（水泥混凝土面层）（四）

类别	试验检测项目/参数		施工检验频率	依据标准	检验程序	备注
原材料检验	粗集料	1.筛分；2.针片状颗粒含量；3.压碎值	1次/批，机铺2500m³1批	JTG F30—2003	施工单位按规定频率自检，监理单位按规定频率抽检	/
		4.含泥量；5.泥块含量	1次/批，机铺1000m³1批			
		6.含水率	随时			
	细集料	1.筛分；2.密度	1次/批，机铺2000m³1批			
		3.含泥量；4.泥块含量	1次/批，机铺1000m³1批			
		5.含水率	随时			
	水泥	1.密度；2.安定性；3.胶砂强度；4.胶砂流动度	1次/批，机铺1500t1批			
		5.细度/比表面积；6.标准稠度用水量；7.凝结时间	1次/批，机铺2000t1批			
	外加剂	1.含固量；2.含水率；3.密度；4.不溶物含量	1次/批，机铺5t1批		施工、监理单位分别取样并外委	/
		5.含气量；6.收缩率比	1次/批，机铺2t1批			
过程质量控制	水灰比及稳定性		1次/5000m³，有变化时随时测	JTG F30—2003	施工单位按规定频率自检，监理单位按规定频率抽检	/
	混凝土抗弯拉强度		每工作班至少2~4组试件，日进度<500m取2组，≥500m取3组，≥1000m取4组			
	坍落度		每工作班3次，有变化时随时测			
	含气量		每工作班2次，有抗冻要求不少于3次			
	凝结时间		每工作班至少1~2次			
	表观密度		每工作班1次			
	泌水率		必要时			
	平整度		每半幅车道100m，2处10尺			
料源确定	1.在原材料料源选定时，应在上述原材料试验检测参数的基础上增加：粗集料密度及吸水率、堆积密度及空隙率、软弱颗粒含量、坚固性、硫化物及硫酸盐含量、有机物含量试验；细集料松散密度及空隙率、压碎值、坚固性、氯化物、硫化物及硫酸盐含量、云母含量、轻物质含量、有机质含量及碱活性试验；粉煤灰游离氧化钙、活性指数检验； 2.各种原材料所有试验检测参数每料源检验1次； 3.施工单位通过试验选定各原材料料源后，监理单位进行验证性试验，并根据试验结果确定料源					
配合比设计	各种原材料检验合格后方可进行水泥混凝土面层配合比设计，同时监理单位应对配合比进行复核验证					

试验检测项目/参数检验频率一览表

工程类别：交通安全设施（五）

类别	试验检测项目/参数		施工检验频率	依据标准	检验程序	备注
产品及原材料检验	波形梁及连接副、立柱及防阻块	1.产品标志；2.外观质量；3.抗拉强度；4.屈服强度；5.伸长率；6.外形尺寸；7.镀层厚度；8.附着性；9.均匀性	1次/批，3mm厚板每批不超过50t，4mm厚板每批不超过100t	JT/T 281—2007 JT/T 457—2007 JT/T 495—2004	施工、监理单位分别取样并外委	确定产品质量
	标志板	1.产品标记；2.外观质量；3.原材料要求；4.加工成型要求；5.标志底板厚度；6.标志面色度性能；7.逆反射系数	1次/批	GB/T 23827—2009 JT/T 495—2004		
	反光膜	1.外观质量；2.色度性能；3.逆反射性能；4.耐溶剂性能；5.防沾纸的可剥离性能；6.收缩性能；7.耐弯曲性能；8.抗拉荷载；9.附着性能；10.抗冲击性能；11.耐高低温性能；12.耐盐雾腐蚀性能	1次/批，每批不超过3000m²	GB/T 18833—2012 JT/T 495—2004		确定原材料质量
	标线涂料	1.涂料性能；2.玻璃珠性能；3.色度性能；4.反光型路面标线涂料光度性能	1次/批	JT/T 280—2004 JT/T 495—2004		
	隔离栅及立柱	1.产品标志；2.外观质量；3.原材料力学性能；4.结构尺寸；5.网格焊点抗拉力；6.镀膜平均厚度；7.镀锌量；8.镀锌层厚度；9.附着性能；10.镀膜耐低温冲击性能；11.镀膜阻燃性能；12.耐酸溶液浸泡；13.耐碱溶液浸泡	1次/批	GB/T 26941.1—2011 ~ GB/T 26941.6—2011 JT/T 495—2004 JT/T 374—1988		
	防眩设施	1.产品标志；2.外观质量；3.结构尺寸；4.遮光角；5.抗风荷载；6.抗变形量；7.抗拉强度；8.抗弯曲强度；9.抗冲击性能；10.耐低温性能；11.耐湿热性能；12.耐溶剂性能；13.耐盐雾腐蚀性能；14.耐热老化性能	1次/批	GB/T 24718—2009 JT/T 495—2004		确定产品质量
	突起路标	1.产品标志；2.外观质量；3.外形尺寸；4.色度性能；5.发光强度系数；6.抗冲击性能；7.抗压荷载；8.耐溶剂性能；9.耐油性能；10.耐盐雾腐蚀性能	1次/批，当批量不大于10000只时，随机抽取20只，其中破坏性项目做8只；当批量大于10000只，随机抽取40只；批的最大数量不超过25000只	GB/T 24725—2009 JT/T 495—2004		
	轮廓标	1.产品标志；2.外观质量；3.外形尺寸；4.色度性能；5.发光强度系数；6.机械力学性能；7.反光膜与底板附着性能；8.密封性能；9.耐低温性能；10.耐高温性能；11.耐盐雾腐蚀性能	1次/批	GB/T 24970—2010 JT/T 495—2004		

续上表

类别		试验检测项目/参数	施工检验频率	依据标准	检验程序	备注
过程质量控制	标志板	1.标志板外形尺寸；2.标志底板厚度；3.标志板下缘至路面净空高度及标志板内缘距路边缘距离；4.立柱竖直度；5.标志金属构件镀层厚度；6.标志基础尺寸；7.基础混凝土强度	100%	GB/T 2828.10—2010 JTG F80/1—2004	施工单位按规定频率自检，监理单位按规定频率抽检	确定产品安装和施工质量
		8.标志汉字、数字、拉丁字的字体及尺寸	10%			
	路面标线	1.标线线段长度；2.宽度；3.厚度；4.横向偏位；5.纵向间距；6.逆反射系数	10%			
		7.标线剥落面积	/			
	波形梁钢护栏	1.波形梁板基底金属厚度；2.立柱壁厚	5%			
		3.镀（涂）层厚度；4.立柱埋入深度；5.立柱外边缘距路肩边线距离；6.立柱中距；7.竖直度；8.横梁中心高度；9.护栏顺直度	10%			
		10.拼接螺栓抗拉强度	3组/批			
	混凝土护栏	1.护栏混凝土强度；2.地基压实度	/			
		3.护栏断面尺寸；4.轴向横向偏位	10%			
		5.基础平整度；6.基础厚度	100%			
	缆索护栏	1.缆索直径；2.单丝直径；3.初张力；4.最下一根缆索的高度；5.立柱壁厚；6.立柱埋入深度；7.立柱竖直度；8.立柱中距；9.镀锌层厚度	10%			
		10.混凝土基础尺寸；11.混凝土强度	100%			
	突起路标	1.安装角度；2.纵向间距；3.横向偏位	10%			
		4.损坏及脱落个数	30%			
		5.承受压力；6.光度性能	/			
	轮廓标	1.柱式轮廓标尺寸；2.安装角度；3.反射器中心高度；4.反射器外形尺寸；5.光度性能	10%			
	防眩设施	1.安装相对高度；2.镀（涂）层厚度；3.防眩板宽度	5%			
		4.防眩板设置间距；5.竖直度；6.顺直度	10%			
	隔离栅	1.高度；2.立柱中距；3.立柱竖直度	每100根测2根			
		4.镀（涂）层厚度；5.网面平整度	5%			
		6.立柱埋深；7.混凝土强度	10%			

附录4 试验检测项目/参数取样要求一览表

说　明

1. 本附录"试验检测项目类别"（简称"项目类别"）和"试验检测参数"列，主要参照附录3和《公路水运工程试验检测机构等级标准》中的试验检测项目/参数内容确定，但不限于。

2. "依据标准"列由于表格容量限制，只列出了标准（规程）代号，完整的标准（规程）代号、名称详见附录5（《标准（规范、规程）引用一览表》）。

3. "样品规格、取样数量、取样方法"列主要依据产品质量标准、试验规程等编写，没有样品规格、取样数量要求的均用"/" 标注。

4. 本附录可作为工地试验室开展试验检测工作时的技术参考（与附录3可以对照使用）。工地试验室在应用过程中，若有关参数的样品规格、取样数量、取样方法等已有明确规定，应予以执行；当标准（规程）发生更新时，其相应内容应按最新版本予以调整;当本附录内容与标准（规程）要求有出入时，应以标准（规程）规定为准。

试验检测项目/参数取样要求一览表

项目类别：土（一）

序号	试验检测参数	依据标准	样品规格	取样数量	取样方法	样品信息
1	天然含水率	JTG E40—2007/ T 0103—1993 T 0104—1993 T 0105—1993	/	不少于2kg	1. 取原状土样，用专用钻机取土，土样直径不得小于10cm，并使用专门的薄壁取土器；在试坑中或天然地面下挖去原状土，可用有上、下盖的铁壁取土筒。 2. 取扰动土，应先清除表层土，然后分层、用四分法取样。盐渍土，一般应分别在0~0.05m，0.05~0.25m，0.25~0.50m，0.50~0.75m，0.75~1.0m垂直深度处，分层取样	样品名称、取样地点、规格型号、取样数量、工程部位/用途
2	密度	JTG E40—2007/ T 0107—1993 T 0108—1993 T 0109—1993 T 0110—1993 T 0111—1993	/	/		
3	相对密度	JTG E40—2007/ T 0112—1993	/	不少于2kg		
4	颗粒分析	JTG E40—2007/ T 0115—1993 T 0116—2007	/	不少于40kg		
5	界限含水率	JTG E40—2007/ T 0118—2007	/	不少于10kg		
6	天然稠度	JTG E40—2007/ T 0122—2007	/	不少于2kg		
7	最大干密度	JTG E40—2007/ T 0131—2007	/	不少于60kg		
8	最佳含水率					
9	CBR	JTG E40—2007/ T 0134—1993	/	不少于100kg		
10	粗粒土最大干密度	JTG E40—2007/ T 0133—1993	/	不少于100kg		
11	自由膨胀率	JTG E40—2007/ T 0124—1993	/	不少于5kg		
12	烧失量	JTG E40—2007/ T 0150—1993	/	不少于1kg		
13	有机质含量	JTG E40—2007/ T 0151—1993	/	不少于1kg		

注：上表中"取样数量"栏中充分考虑到不同土质情况下取样、制样、平行试验、试验损耗等因素下所需样品的数量。

试验检测项目/参数取样要求一览表

项目类别：集料（二）

序号	试验检测参数	依据标准	样品规格	取样数量	取样方法	样品信息
1	筛分	JTG E42—2005 T 0302—2005 T 0327—2005	/	不少于30kg	1.过皮带运输机的材料如采石场的生产线、沥青拌和楼的冷料输送带、无机结合料稳定集料、级配碎石混合料等，应从皮带运输机上采集样品。取样时，可在皮带运输机骤停的状态下取其中一截全部材料，或在皮带运输机的端部连续接一定时间的料得到，将间隔3次以上所取的试样组成一组试样，作为代表性试样； 2.在材料厂同批来料的料堆上取样时，应先铲除堆脚等处无代表性的部分，再在料堆的顶部、中部或底部，各由均匀分布的几个不同部位，取得大致相等的若干份组成一组试样； 3.从火车、汽车、货船上取样时，应从各不同部位和深度处，抽取大致相等的试样若干份，组成一组试样； 4.从沥青拌和楼的热料仓取样时，应在放料口的全断面上取样。通常宜将一开始按正式生产的配比投料拌和的几锅（至少5锅以上）废弃，然后分别将每个热料仓放出至装载机上，倒在水泥地上，适当拌和，从3处以上的位置取样，拌和均匀，取要求数量的试样	样品名称、取样地点/产地、规格型号、取样数量、工程部位/用途
2	密度	JTG E42—2005/ T 0304—2005	/	不少于12kg		
		JTG E42—2005/ T 0308—2005	/	不少于4kg		
		JTG E42—2005/ T 0309—2005	/	不少于80kg		
		JTG E42—2005/ T 0331—1994	/	不少于20kg		
		JTG E42—2005/ T 0352—2000	/	不少于2kg		
		JTG E42—2005/ T 0328—2005	/	不少于4kg		
3	含水率	JTG E42—2005/ T 0305—1994 T 0306—1994	/	不少于3kg		
4	吸水率	JTG E42—2005/ T 0304—2005 T 0307—2005 T 0308—2005	/	不少于12kg		
		T 0330—2005	/	不少于4kg		
5	含泥量	JTG E42—2005/ T 0310—2005 T 0333—2000	/	粗集料不少于40kg 细集料不少于5kg		
6	泥块含量	JTG E42—2005/ T 0310—2005 T 0335—1994	/	粗集料不少于40kg 细集料不少于5kg		
7	针片状颗粒含量	JTG E42—2005/ T 0311—2005 T 0312—2005	/	不少于20kg		
8	有机质含量	JTG E42—2005/ T 0313—1994 T 0336—1994	/	不少于10kg		

续上表

序号	试验检测参数	依据标准	样品规格	取样数量	取样方法	样品信息
9	坚固性	JTG E42—2005/ T 0314—2000 T 0340—2005	2.36~37.5mm	不少于25kg		
10	压碎值	JTG E42—2005/ T 0316—2005 T 0350—2005	9.5~13.2mm	不少于25kg		
11	磨耗值（洛杉矶）	JTG E42—2005/ T 0317—2005	水泥混凝土用集料采用A类粒级组成规格；非规格材料，根据实际粒度选择粒级类别及规格	每规格不少于30kg		
12	软弱颗粒含量	JTG E42—2005/ T 0320—2000	4.75~16mm	不少于40 kg		
13	磨光值	JTG E42—2005/ T 0321—2005	/	不少于25kg		
14	碱活性	JTG E42—2005/ T 0325—1994	0.15~4.75mm	不少于45kg		
15	砂当量	JTG E42—2005/ T 0334—2005	0~4.75mm	不少于10kg		
16	细集料云母含量	JTG E42—2005/ T 0337—1994	0.3~4.75mm	不少于5kg		
17	细集料轻物质含量	JTG E42—2005/ T 0338—1994	/	不少于3kg		
18	亚甲蓝值MBV	JTG E42—2005/ T 0349—2005	小于2.36mm	不少于5kg		
19	矿粉筛分	JTG E42—2005/ T 0351—2000	/	不少于5kg		
20	矿粉含水率	JTG E42—2005/ T 0306—1994				
21	矿粉表观密度	JTG E42—2005/ T 0352—2000				
22	矿粉亲水系数	JTG E42—2005/ T 0353—2000				
23	矿粉塑性指数	JTG E42—2005/ T 0354—2000				
24	矿粉加热安定性	JTG E42—2005/ T 0355—2000				

注：1. 粗集料取样数量按最大公称粒径31.5mm情况下推算（压碎值部分另计），其他最大公称粒径规格的粗集料最小取样数量详见JTG E42—2005中表T0301—1；
2. 以上取样数量为一次四分法后进行试验的样品所需质量，为保证样品代表性，取样时应在此基础上增加取样数量。

试验检测项目/参数取样要求一览表

项目类别：岩石（三）

序号	试验检测参数	依据标准	样品规格	取样数量	取样方法	样品信息
1	含水率	JTG E41—2005/ T 0202—2005	试件尺寸应大于组成岩石最大颗粒的10倍	不少于40g，不多于200g，每组不少于5个试件	选择的标本数不少于3个，对于不规则试样，样品为体积不小于100cm³的近似立方体，并应除掉松动部分和表面附着物	样品名称、取样地点/产地、规格型号、取样数量、工程部位/用途
2	毛体积密度	JTG E41—2005/ T 0204—2005	蜡封法：立方体40~60mm；圆柱体：直径为48~52mm	水中称量法试件质量不少于150g；同一含水状态，每组不少于3个试件		
3	吸水率	JTG E41—2005/ T 0205—2005	规则试样：采用圆柱体试件直径50mm±2mm，高径比2:1；不规则试样：40~50mm的浑圆形岩块	每组不少于3个试件；岩石组织不均匀者，每组不少于5个试件		
4	单轴抗压强度	JTG E41—2005/ T 0221—2005	桥梁工程：采用立方体试件70mm×70mm×70mm；地基基础：采用圆柱体试件，直径50mm±2mm，高径比2:1；路面工程：采用立方体试件50mm×50mm×50mm，或圆柱体试件直径50mm±2mm，高径比1:1	每组6个试件；有显著层理，需平行和垂直方向各取6个		
5	抗折强度	JTG E41—2005/ T 0226—1994	50mm×50mm×250mm	每组6个试件；有显著层理，需平行和垂直方向各取6个		
6	抗冻性	JTG E41—2005/ T 0241—1994	桥梁工程：采用立方体试件70mm×70mm×70mm；地基基础：采用圆柱体试件，直径50mm±2mm，高径比2:1；路面工程：采用立方体试件50mm×50mm×50mm，或圆柱体试件直径50mm±2mm，高径比1:1	每组6个试件		
7	坚固性	JTG E41—2005/ T 0242—1994	桥梁工程：采用立方体试件70mm×70mm×70mm；地基基础：采用圆柱体试件，直径50mm±2mm，高径比2:1；路面工程：采用立方体试件50mm×50mm×50mm，或圆柱体试件直径50mm±2mm，高径比1:1	每组6个试件；有显著层理，需平行和垂直方向各取6个		

试验检测项目/参数取样要求一览表

项目类别：水泥（四）

序号	试验检测参数	依据标准	样品规格	取样数量	取样方法	样品信息
1	细度	GB/T 1345—2005 JTG E30—2005/ T 0502—2005	/	不少于12kg	1.袋装水泥取样：随机选择不少于20袋水泥，将取样管沿对角插入水泥适当深度，用大拇指按住气孔，小心抽出取样管。取至少12kg； 2.散装水泥取样：通过转动取样器内管控制开关，在适当位置插入水泥一定深度，关闭后小心抽出，取至少12kg	样品名称、取样地点/产地、规格型号、取样数量、工程部位/用途及材质单
2	密度	GB/T 208—1994 JTG E30—2005/ T 0503—2005				
3	比表面积	GB/T 8074—2008 JTG E30—2005/ T 0504—2005				
4	标准稠度用水量	GB/T 1346—2011 JTG E30—2005/ T 0505—2005				
5	凝结时间					
6	安定性					
7	胶砂强度	GB/T 17671—1999 JTG E30—2005/ T 0506—2005				
8	胶砂流动度	GB/T 2419—2005 JTG E30—2005/ T 0507—2005				

注：以上取样数量含留样数量。

试验检测项目/参数取样要求一览表

项目类别：水泥混凝土、砂浆（五）

序号	试验检测参数	依据标准	样品规格	取样数量	取样方法	样品信息
1	坍落度	JTG E30—2005/T 0522—2005	/	配合比设计验证试验：各种规格粗集料不少于50kg，细集料不少于40kg，水泥不少于20kg。水泥混凝土配合比设计试验（不含原材料试验）：4倍以上上述取样数量	水泥混凝土拌和物取样：新混凝土现场取样，凡由搅拌机、料斗、运输小车以及浇制的构件中采取新拌混凝土代表性样品时，均须从3处以上不同部位抽取大致相同分量的代表性样品（不要抽取已离析的混凝土），集中用铁锹翻拌均匀，而后立即进行拌和物的试验。拌和物取样量应多于试验所需数量的1.5倍，其体积不小于20L。从第一次取样数量到最后一次取样不宜超过15min。取回的混凝土拌和物应经过人工再次翻拌均匀，而后进行试验；砂浆取样：不同强度等级及不同配合比的水泥砂浆应分别制取试件，试件应随机制取，不得挑选。重要及主体砌筑物，每工作台班制取二组。一般及次要砌筑物，每工作台班可制取一组	各种原材料样品名称、取样地点/产地、规格型号、取样数量、工程部位/用途，减水剂掺量及材质单
2	表观密度	JTG E30—2005/T 0525—2005				
3	含气量	JTG E30—2005/T 0526—2005				
4	凝结时间	JTG E30—2005/T 0527—2005				
5	泌水率	JTG E30—2005/T 0528—2005				
6	配合比设计	JGJ 55—2011				
7	抗压强度	JTG E30—2005/T 0553—2005	150mm×150mm×150mm立方体	每组3个试件		
8	抗弯拉强度	JTG E30—2005/T 0558—2005	150mm×150mm×600mm立方体	每组3个试件		
9	抗弯拉试件断块抗压强度	JTG E30—2005/T 0562—2005	150mm×150mm×550mm立方体			
10	劈裂抗拉强度	JTG E30—2005/T 0560—2005 T 0561—2005	150mm×150mm×150mm立方体 ϕ150mm×300mm圆柱体	每组3个试件		
11	抗渗性	JTG E30—2005/T 0568—2005	上底面直径175mm下底面直径185mm高150mm圆台体	每组6个试件		
12	砂浆抗压强度	JTG E30—2005/T 0570—2005	70.7mm×70.7mm×70.7mm立方体	每组6个试件		
13	砂浆稠度	JGJ/T 70—2009	/	砂不少于20kg，水泥不少于20kg		

注：水泥混凝土配合比设计试验中，粗集料以5—31.5mm连续级配样品为基准，如粗集料为不同规格的单粒级样品掺配时，各规格粗集料取样数量均不少于50kg。

试验检测项目/参数取样要求一览表

项目类别：水、外加剂（六）

序号	试验检测参数	依据标准	样品规格	取样数量	取样方法	样品信息
1	pH值	GB 6920—86 GB/T 8077—2012	/	不少于5kg	水：采集水样的容器应无污染，容器应用待采集的水样冲洗三次再灌装，并应密封待用；地表水宜在水域中心部位、距水面100mm以下采集，并应记载季节、气候、雨量和周边环境的情况；地下水应在放水冲洗管道后接取，或直接用容器采集，不得将地下水积存于地表后再从中采集；再生水应在取水管道终端接取；混凝土企业设备洗刷水应沉淀后，在池中距水面100mm以下采集。 外加剂：每一批号取样数量不少于0.2t水泥所需用的外加剂量；粉状外加剂可采用有塑料袋衬里的编织袋包装；液体外加剂可采用塑料桶、金属桶包装。包装净质量误差不超过1%。液体外加剂也可采用槽车散装。每一编号试样混匀分成两份，一份进行试验，另一份密封保存半年	样品名称、取样地点/产地、规格型号、取样数量、工程部位/用途，减水剂掺量及材质单
2	氯离子含量	GB 11896—89	/			
3	不溶物含量	GB 11901—89	/			
4	可溶物含量	GB/T 5750.4—2006	/			
5	硫酸盐及硫化物含量	GB 11899—89	/			
6	含固量	GB/T 8077—2012	/	不少于5kg		
7	含水率					
8	密度					
9	细度					
10	硫酸钠含量					
11	总碱量					
12	减水率	GB 8076—2008	粗集料（5~10mm和10~20mm两种规格），中砂（细度模数为2.6~2.9，含泥量小于1%）	两种规格集料各不少于100kg，砂不少于40kg，减水剂不少于2kg		
13	含气量					
14	凝结时间之差					
15	抗压强度比					
16	泌水率比					
17	收缩率比					

注：以上取样数量含留样数量。

试验检测项目/参数取样要求一览表

项目类别：粉煤灰（七）

序号	试验检测参数	依据标准	样品规格	取样数量	取样方法	样品信息
1	细度	GB/T 1596—2005 GB/T 176—2008 JTG E51—2009 T 0817—2009 T 0818—2009 T 0820—2009	/	总量不少于3kg	可连续取样，也可从10个不同部位取等量样品	样品名称、取样地点/产地、规格型号、取样数量、工程部位/用途，及材质单
2	需水量比					
3	烧失量					
4	三氧化硫含量					
5	比表面积					

注：以上取样数量含留样数量

项目类别：无机结合料稳定材料（八）

序号	试验检测参数	依据标准	样品规格	取样数量	取样方法	样品信息
1	含水率	JTG E51—2009/ T 0801—2009 T 0802—1994 T 0803—1994	/	粗粒土不少于5kg；中粒土不少于2kg；细粒土不少于1kg	1.料堆取样：在料堆的上部、中部和下部各取一份试样，混合后按四分法分料取样； 2.四分法：将试料堆成一个圆锥体，用铲翻动此锥体并形成一个新锥体，重复进行3次； 3.分料器法：将材料充分拌和后通过分料器，保留一部分，将另一部分再次通过分料器，重复进行，直到将原样品缩小到需要的质量	样品名称、取样地点/产地、规格型号、取样数量、工程部位/用途及材质单
2	水泥或石灰剂量	JTG E51—2009/ T 0809—2009	/	不少于5kg		
3	石灰有效氧化钙镁含量	JTG E51—2009/ T 0811—1994	/	不少于5kg		
4	石灰细度	JTG E51—2009/ T 0814—2009	/	不少于1.5kg		
5	石灰未消化残渣含量	JTG E51—2009/ T 0815—2009	/	不少于5kg		
6	最大干密度	JTG E51—2009/ T 0804—1994	小于37.5mm	不少于80kg		
7	最佳含水率					
8	无侧限抗压强度	JTG E51—2009/ T 0805—1994	/	粗粒土不少于100kg；中粒土不少于25kg；细粒土不少于3kg		
9	无机结合料稳定材料配合比设计	JTG E51—2009	/	粗集料不少于250kg，细集料（砂）不少于100kg，水泥不少于50kg，石灰不少于40kg，粉煤灰不少于100kg		

试验检测项目/参数取样要求一览表

项目类别：沥青（九）

序号	试验检测参数	依据标准	样品规格	取样数量	取样方法	样品信息
1	密度	JTG E20—2011/T 0603—2011	/	固体沥青4kg 液体沥青4L	1.从储油罐中取样：a.无搅拌设备的储罐：用取样器按液面上、中、下位置（液面高各位1/3等分处，但距罐底不得低于总液面高度的1/6）各取1~4L样品，储罐过深时，按不同流出深度分3次取样；b.有搅拌设备的储罐：用取样器从沥青层中部取规定数量试样；2.从槽车、罐车、沥青洒布车中取样；3.在装料或卸料过程中取样，要按时间间隔均匀地取至少3个规定数量样品；4.从沥青储存池中取样，分间隔每锅至少取3个样品，充分混匀后再取4.0kg；5.从沥青运输船中取样，每个舱从不同部位取3个4kg的样品，混合后再从中取出4kg；6.从沥青桶中取样：同一批产品可随机选择沥青桶，不能确认为同批产品时，根据规定选取沥青桶数；将沥青桶中沥青加热至全部流体状态，按罐车取样方法取样；如沥青不便加热，可在桶高中部凿开取样，但样品应在距桶壁5cm以上内部凿取，且应采取措施防止样品落地沾染灰尘；7.固体沥青取样，应在表面以下及容器侧面以内至少5cm处采取；8.在验收地点取样，所取样品分两份，一份样品用于验收试验；另一份样品留存备查	样品名称、取样地点/产地、规格型号、取样数量、工程部位/用途及材质单
2	针入度	JTG E20—2011/T 0604—2011	/			
3	延度	JTG E20—2011/T 0605—2011	/			
4	软化点	JTG E20—2011/T 0606—2011	/			
5	蒸发损失	JTG E20—2011/T 0608—2011	/			
6	TFOT耐老化性能	JTG E20—2011/T 0609—2011	/			
7	RTFOT后耐老化性能	JTG E20—2011/T 0610—2011	/			
8	闪点	JTG E20—2011/T 0611—2011	/			
9	含水量	JTG E20—2011/T 0612—1993	/			
10	蜡含量	JTG E20—2011/T 0615—2011	/			
11	矿料的黏附性	JTG E20—2011/T 0616—1993	/			
12	运动黏度	JTG E20—2011/T 0619—2011	/			
13	动力黏度	JTG E20—2011/T 0620—2000	/			
14	恩格拉黏度	JTG E20—2011/T 0622—1993	/			
15	布氏旋转黏度	JTG E20—2011/T 0625—2011	/			
16	改性沥青弹性恢复率	JTG E20—2011/T 0662—2000	/			
17	改性沥青的离析	JTG E20—2011/T 0661—2011	/			
18	乳化沥青蒸发残留物含量	JTG E20—2011/T 0651—1993	/	不少于4L		
19	乳化沥青筛上剩余量	JTG E20—2011/T 0652—1993	/			
20	乳化沥青微粒粒子电荷	JTG E20—2011/T 0653—1993	/			
21	乳化沥青与矿料黏附性	JTG E20—2011/T 0654—2011	/			
22	乳化沥青储存稳定性	JTG E20—2011/T 0655—1993	/			
23	水泥拌和试验筛上残留物	JTG E20—2011/T 0657—2011	/			
24	乳化沥青破乳速度	JTG E20—2011/T 0658—1993	/			

注：沥青取样数量一般不少于4L或4kg。

试验检测项目/参数取样要求一览表

项目类别：沥青混合料（十）

序号	试验检测参数	依据标准	样品规格	取样数量	取样方法	样品信息
1	密度	JTG E20—2011/ T 0705—2011 T 0706—2011 T 0707—2011 T 0708—2011	/	不少于20kg	1.随机取样，从拌和机一次放料的下方或提升斗中取样； 2.热拌沥青混合料在不同地方取样：a.在沥青混合料拌和厂取样，用专用容器（一次可装5~8kg）装在拌和机卸料斗下方，按四分法取样至足够数量；b.在沥青混合料运料车上取样，分别用铁锹从不同方向的3个不同高度处取样；c.在道路施工现场取样，应在摊铺后未碾压前，摊铺宽度两侧的1/2~1/3位置处取样，每摊铺一车料取一次，连续3车取样后，混合均匀按四分法取样至足够数量； 3.热拌沥青混合料每次取样时，都必须用温度计测量温度，准确至1℃； 4.乳化沥青常温混合料试样的取样方法与热拌沥青混合料相同，但宜在乳化沥青破乳水分蒸发后装袋，取样袋数不少于3袋，进行拌和，按四分法取出规定数量； 5.液体沥青常温混合料取样方法同上。当用汽油稀释时，必须在溶剂挥发后可封袋保存；当用煤油或柴油稀释时，可在取样后即装袋保存； 6.从碾压成型路面上取样时，应随机选取3个以上不同地点，钻孔、切割或刨取该层混合料。需重新制作试件时，应加热拌匀按四分法取样至足够数量	样品名称、取样地点/产地、规格型号、取样数量、工程部位/用途
2	空隙率、矿料间隙率	JTG E20—2011/ T 0705—2011	/			
3	马歇尔稳定度、流值	JTG E20—2011/ T 0709—2011	/			
4	马歇尔残留稳定度	JTG E20—2011/ T 0709—2011	/			
5	最大理论密度	JTG E20—2011/ T 0711—2011	/			
6	动稳定度	JTG E20—2011/ T 0719—2011	/	不少于60kg		
7	矿料级配、沥青用量	JTG E20—2011/ T 0725—2000 T 0722—1993 T 0735—2011	/	不少于20kg		
8	冻融劈裂强度比	JTG E20—2011/ T 0729—2000	/	集料不少于300kg，矿粉不少于15kg，沥青不少于10kg（含原材）		
9	渗水系数	JTG E20—2011/ T 0730—2011	/	各规格集料总质量不少于50kg，矿粉不少于15kg，沥青不少于5kg		
10	表面构造深度	JTG E20—2011/ T 0731—2000	/	各规格集料总质量不少于50kg，矿粉不少于15kg，沥青不少于5kg		
11	乳化沥青稀浆封层混合料稠度	JTG E20—2011/ T 0751—1993	/	集料不少于50kg，乳化沥青不少于5kg（含原材料试验用取样数量）		
12	乳化沥青稀浆封层混合料湿轮磨耗	JTG E20—2011/ T 0752—2011	/			
13	乳化沥青稀浆封层混合料破乳时间	JTG E20—2011	/			
14	乳化沥青稀浆封层混合料最佳沥青用量		/			

试验检测项目/参数取样要求一览表

项目类别：金属（包括钢筋、钢板、工字钢、钢管和接头）（十一）

序号	试验检测参数	依据标准	样品规格	取样数量	取样方法	样品信息
1	重量偏差	GB 1499.1—2008 GB 1499.2—2007	长度不小于50cm	每批5根	从产品、压制坯或铸件切取样坯经机加工制成试样。但具有恒定横截面的产品（型材、棒材、线材等）和铸造试样（铸铁和铸造非铁合金）可以不经机加工而进行试验。在外观及尺寸合格的钢材产品上取样，试料应有足够的尺寸。应对抽样品、试料、样坯和试样作出标记，以保证始终能识别取样的位置及方向。取样时，应防止过热、加工硬化而影响力学性能。取样的方向应由产品标准或供需双方协议规定	样品名称、取样地点/产地、规格型号、取样数量、工程部位/用途及材质单
2	屈服强度	GB/T 228.1—2010	1.一般试验试样长度按50cm； 2.仲裁试验的试样长度根据钢筋直径不同确定：试样总长$L>L_c+4d_0$，平行长度$L_c=L_0+2d_0$，其中L_0为原始标距，d_0为原试样平行长度的原始直径	1.钢筋每批2根； 2.焊接接头或机械接头每批3根； 3.工字钢、钢板每批1根； 4.钢管每批2根		
3	抗拉强度	GB/T 228.1—2010 GB/T 2651—2008 JGJ/T 27—2001				
4	伸长率	GB/T 228.1—2010		1.钢筋每批2根； 2.工字钢、钢板每批1根； 3.钢管每批2根		
5	弯曲	GB/T 232—2010 JGJ/T 27—2001 GB/T 2653—2008	根据金属样品直径和不同试验设备确定长度	1.钢筋每批2根； 2.焊接接头每批3根； 3.工字钢、钢板每批1根	样坯的切取位置和方向应按照相关产品标准的要求。试样应去除由于剪切或火焰切割或类似的操作而影响了材料性能的部分	
6	钢管压扁	GB/T 8163—2008	长度与钢管外径相近	每批2根	样坯的切取位置和方向应按照相关产品标准的要求	

试验检测项目/参数取样要求一览表

项目类别：钢绞线、锚具（十二）

序号	试验检测参数	依据标准	样品规格	取样数量	取样方法	样品信息
1	外观尺寸	GB/T 5224—2003 GB/T 228.1—2010 JTG/T F50—2011	/	/	每批不大于60t，从每批钢绞线中任取3盘，并从每盘所选的钢绞线端部正常部位截取1根试样，如果每批少于3盘则逐盘取样进行试验	样品名称、取样地点/产地、规格型号、取样数量、工程部位/用途及产品质保书
2	每米质量		长度不小于1m	每批3根		
3	整根钢绞线最大力		根据试验机确定，单根长度一般不小于1.2m			
4	规定非比例延伸力					
5	最大力总伸长率					
6	弹性模量					
7	松弛率	GB/T 5224—2003 GB/T 10120—1996	根据试验机确定，单根长度为一般不小于2.4m	每批1根	每批不大于60t，从任意盘的钢绞线端部正常部位截取1根试样	
8	锚具、夹具和连接器外观、尺寸及硬度	GB/T 230.1—2009 JT/T329—2010 JTG/T F50—2011	/	外观检查：每批抽取5%,且不少于10套；硬度检验：每批抽取3%（热处理每炉装炉的3%~5%抽样），且不少于5套（对多孔夹片式锚具的夹片，每套取6片）	锚具：每个验收批不大于2000套；夹具、连接器：每个验收批不超过500套	
9	锚固效率系数	GB/T 14370—2007 JT/T329—2010	锚固性能试验用钢绞线单根长度一般不小于4.2m	根据锚孔数确定钢绞线数量	从外观和硬度检验合格的同批产品中抽取锚具；从钢绞线验收批且同一盘上截取钢绞线试样	
10	总应变					
11	组装件疲劳荷载性能		根据试验机确定			
12	周期荷载性能		同锚固效率系数试验			

试验检测项目/参数取样要求一览表

项目类别：板式橡胶支座（十三）

序号	试验检测参数	依据标准	样品规格	取样数量	取样方法	样品信息
1	抗压弹性模量	JT/T 4—2004	/	每批3块	每批随机取样	样品名称、取样地点/产地、规格型号、取样数量、工程部位/用途及材质单
2	抗剪弹性模量			每批3对		
3	极限抗压强度			每批3块		
4	抗剪黏结性能					
5	抗剪老化			每批3对		
6	容许转角					
7	四氟板与不锈钢板摩擦系数					

项目类别：土工合成材料（十四）

序号	试验检测参数	依据标准	样品规格	取样数量	取样方法	样品信息
1	抗拉强度	JTG E50—2006/T 1123—2006	200mm宽，长度不少于200mm	每组10块（横向纵向各5块）	取卷装样品：取样的卷数按相关文件规定，所选卷装材料应无破损，卷装呈原封不动状；裁取样品：全部试验的试样应在同一样品裁取，卷装材料的头层不应取做样品	样品名称、取样地点/产地、规格型号、取样数量、工程部位/用途及材质单
2	延伸率					
3	梯形撕破强力	JTG E50—2006/T 1125—2006	长200mm，宽76mm	每组10块（横向纵向各5块）		
4	顶破强度	JTG E50—2006/T 1126—2006	φ300mm的圆	每组5块		
5	厚度	JTG E50—2006/T 1112—2006	10000mm²	每组10块		
6	单位面积质量	JTG E50—2006/T 1111—2006				
7	垂直渗透系数	JTG E50—2006/T 1141—2006	尺寸与试验仪器一致	每组至少5块		
8	土工格栅土工网网孔尺寸	JTG E50—2006/T 114—2006	试样应至少包括10个以上网孔	每组1块		

试验检测项目/参数取样要求一览表

项目类别：伸缩装置（十五）

序号	试验检测参数	依据标准	样品规格	取样数量	取样方法	样品信息
1	外形尺寸	JT/T 327—2004	/	/	每批1次，按照同型号、同规格、同批号为1批进行取样	样品名称、取样地点/产地、规格型号、取样数量、工程部位/用途及材质单
2	外观质量			/		
3	组装质量			/		
4	防水性能			/		
5	拉伸压缩时最大水平摩阻力			/		
6	拉伸压缩变位时变位均匀性			/		

项目类别：波纹管（十六）

序号	试验检测参数	依据标准	样品规格	取样数量	取样方法	样品信息
1	外观质量	JT/T 529—2004 JG 225—2007	/	塑料波纹管：每组5根，每根不少于1.1m； 金属波纹管：每组3根，每根不少于1.3m	塑料波纹管：产品以批为单位进行验收，同一配方、同一生产工艺、同设备稳定连续生产的一定数量的产品为一批，每批数量不超过10000m； 金属波纹管：产品以批为单位进行检验。每批应由同一个钢带生产的同一批钢带所制造的金属波纹管组成。每半年或累计50000m生产量为一批，取产量最多的规格	样品名称、取样地点/产地、规格型号、取样数量、工程部位/用途及材质单
2	外观尺寸					
3	环刚度	JT/T 529—2004				
4	局部横向载荷					
5	柔韧性					
6	抗冲击性					
7	径向刚度	JG 225—2007				
8	抗渗漏	JG 225—2007				

试验检测项目/参数取样要求一览表

项目类别：止水条/带（十七）

序号	试验检测参数	依据标准	样品规格	取样数量	取样方法	样品信息
1	硬度	GB 18173.3—2002 GB18173.2—2000	/	每卷不少于1m²	同品种、同规格500m为一检验批，每批随机取3卷，任一卷中取1m²作物理性能检验	样品名称、取样地点/产地、规格型号、取样数量、工程部位/用途及材质单
2	拉伸强度					
3	断裂伸长率					
4	压缩永久变形					
5	撕裂强度					
6	热空气老化后的硬度变化、拉伸强度、扯断伸长率					
7	橡胶与金属粘合					

项目类别：防水板（十八）

序号	试验检测参数	依据标准	样品规格	取样数量	取样方法	样品信息
1	长度、宽度、厚度	GB 18173.1—2012	/	每卷不少于2m²	将规格尺寸检测合格后的卷材展平后在标准状态下静置24h，裁取试验所需足够长度试样，试样距卷材边缘不得小于100mm；每5000m²随机取1卷，做物理力学性能取2m²	样品名称、取样地点/产地、规格型号、取样数量、工程部位/用途及材质单
2	拉伸强度					
3	断裂延伸率					
4	不透水性					
5	低温弯折性					
6	加热伸缩量					

试验检测项目/参数取样要求一览表

项目类别：波形梁及连接副、立柱及防阻块（十九）

序号	试验检测参数	依据标准	样品规格	取样数量	取样方法	样品信息
1	产品标志	JT/T 281—2007 JT/T 457—2007 JT/T 495—2004	/	波形梁、立柱、防阻块每批3件，连接副每批8套	每批随机取样 波形梁板：分别从整板两端（必须带有全部螺孔）和中间部位各截取800mm作为试样； 立柱：从带螺孔的一端和中间部位各截800mm作为试样	样品名称、取样地点/产地、规格型号、取样数量、工程部位/用途及材质单
2	外观质量					
3	抗拉强度					
4	屈服强度					
5	伸长率					
6	外形尺寸					
7	镀层厚度					
8	附着性					
9	均匀性					

项目类别：标志板（二十）

序号	试验检测参数	依据标准	样品规格	取样数量	取样方法	样品信息
1	产品标记	GB/T 23827—2009 JT/T 495—2004	/	每批3件	每批随机取样，应按照施工工艺制作成150mm×150mm单色标志板面试样，标志底板截取600mm×600mm作为试样	样品名称、取样地点/产地、规格型号、取样数量、工程部位/用途及材质单
2	外观质量					
3	原材料要求					
4	加工成型要求					
5	标志底板厚度					
6	标志面色度性能					
7	逆反射系数					

试验检测项目/参数取样要求一览表

项目类别：反光膜（二十一）

序号	试验检测参数	依据标准	样品规格	取样数量	取样方法	样品信息
1	外观质量	GB/T 18833—2012 JT/T 495—2004	/	每批3件	每批随机抽取 1m×1m反光膜产品	样品名称、取样地点/产地、规格型号、取样数量、工程部位/用途及材质单
2	色度性能					
3	逆反射性能					
4	耐溶剂性能					
5	防沾纸的可剥离性能					
6	收缩性能					
7	耐弯曲性能					
8	抗拉荷载					
9	附着性能					
10	抗冲击性能					
11	耐高低温性能					
12	耐盐雾腐蚀性能					

项目类别：标线涂料（二十二）

序号	试验检测参数	依据标准	样品规格	取样数量	取样方法	样品信息
1	涂料性能	/	/	每批1袋	每批随机取样，在不同大袋中均匀抽取四小袋，以均匀四分法取样	样品名称、取样地点/产地、规格型号、取样数量、工程部位/用途及材质单
2	玻璃珠性能	JT/T 280—2004 GB/T 10111—2008				
3	色度性能					
4	反光型路面标线涂料光度性能					

试验检测项目/参数取样要求一览表

项目类别：隔离栅及立柱（二十三）

序号	试验检测参数	依据标准	样品规格	取样数量	取样方法	样品信息
1	产品标志	GB/T 26941.1—2011 ~ GB/T 26941.6—2011 JT/T 495—2004	/	每批3件	每批随机取样，焊接网（网片：60cm×60cm；立柱：40cm）编织网（网片：1m×1m；立柱：40cm）刺钢丝网：（刺钢丝：4m；钢柱：40cm）钢板网（网片：60cm×60cm；立柱：40cm）	样品名称、取样地点/产地、规格型号、取样数量、工程部位/用途及材质单
2	外观质量					
3	原材料力学性能					
4	结构尺寸					
5	网格焊点抗拉力					
6	镀膜平均厚度					
7	镀锌量					
8	镀锌层厚度					
9	附着性能					
10	镀膜耐低温冲击性能					
11	镀膜阻燃性能					
12	耐酸溶液浸泡					
13	耐碱溶液浸泡					

项目类别：防眩设施（二十四）

序号	试验检测参数	依据标准	样品规格	取样数量	取样方法	样品信息
1	产品标志	GB/T 24718—2009 GB/T 10111—2008	/	每批6件	每批随机抽取整体产品	样品名称、取样地点/产地、规格型号、取样数量、工程部位/用途及材质单
2	外观质量					
3	结构尺寸					
4	遮光角					
5	抗风荷载					
6	抗变形量					
7	抗拉强度					
8	抗弯曲强度					
9	抗冲击性能					
10	耐低温性能					
11	耐湿热性能					
12	耐溶剂性能					
13	耐盐雾腐蚀性能					
14	耐热老化性能					

试验检测项目/参数取样要求一览表

项目类别：突起路标（二十五）

序号	试验检测参数	依据标准	样品规格	取样数量	取样方法	样品信息
1	产品标志	GB/T 24725—2009 GB/T 10111—2008	/	每批32块	每批随机抽取整体产品	样品名称、取样地点/产地、规格型号、取样数量、工程部位/用途及材质单
2	外观质量					
3	外形尺寸					
4	色度性能					
5	发光强度系数					
6	抗冲击性能					
7	抗压荷载					
8	耐溶剂性能					
9	耐油性能					
10	耐盐雾腐蚀性能					

项目类别：轮廓标（二十六）

序号	试验检测参数	依据标准	样品规格	取样数量	取样方法	样品信息
1	产品标志	GB/T 24970—2010 GB/T 10111—2008	/	每批32块	每批随机取样，抽取轮廓标生产厂制作的轮廓标整体产品或截取柱式轮廓标具有代表性的、长度不小于150mm的一段柱体，制成试件，作为产品试样；随机抽取轮廓标生产厂使用的反光膜，一般截成150mm×150mm，用反光膜生产厂商要求的粘贴工艺，詹特在厚度为2mm的铝合金板上，作为反光膜试样	样品名称、取样地点/产地、规格型号、取样数量、工程部位/用途及材质单
2	外观质量					
3	外形尺寸					
4	色度性能					
5	发光强度系数					
6	机械力学性能					
7	反光膜与底板附着性能					
8	密封性能					
9	耐低温性能					
10	耐高温性能					
11	耐盐雾腐蚀性能					

附录5　标准（规范、规程）引用一览表

序号	项　目	标准（规范、规程）名称
1	土	JTG E40—2007《公路土工试验规程》 JTG F10—2006《公路路基施工技术规范》 JTJ 034—2000《公路路面基层施工技术规范（附条文说明）》 JTG D63—2007《公路桥涵地基与基础设计规范》
2	集料	JTG E42—2005《公路工程集料试验规程》 JTG/T F50—2011《公路桥涵施工技术规范（附条文说明）》 JTG F60—2009《公路隧道施工技术规范（附条文说明）》 JTJ 034—2000《公路路面基层施工技术规范（附条文说明）》 JTG F40—2004《公路沥青路面施工技术规范》 JTG F30—2003《公路水泥混凝土路面施工技术规范（附条文说明）》
3	岩石	JTG E41—2005《公路工程岩石试验规程》 JTG F10—2006《公路路基施工技术规范》 JTG/T F50—2011《公路桥涵施工技术规范（附条文说明）》
4	水泥	GB/T 1346—2011《水泥标准稠度用水量、凝结时间、安定性检验方法》 GB/T 8074—2008《水泥比表面积测定方法　勃氏法》 GB/T 17671—1999《水泥胶砂强度检验方法（ISO法）》 GB/T 208—1994《水泥密度测定方法》 GB/T 1345—2005《水泥细度检验方法　筛析法》 GB/T 2419—2005《水泥胶砂流动度测定方法》 GB 175—2007《通用硅酸盐水泥》 JTG E30—2005《公路工程水泥及水泥混凝土试验规程》
5	水泥混凝土、砂浆	JTG E30—2005《公路工程水泥及水泥混凝土试验规程》 JTJ 55—2011《普通混凝土配合比设计规程》 JGJ/T 70—2009《建筑砂浆基本性能试验方法标准》 JTG/T F50—2011《公路桥涵施工技术规范（附条文说明）》 JTG F60—2009《公路隧道施工技术规范（附条文说明）》 JTG F30—2003《公路水泥混凝土路面施工技术规范（附条文说明）》
6	水、外加剂	GB/T 6920—1986《水质pH值的测定　玻璃电极法》 GB/T 11896—1989《水质　氯化物的测定　硝酸银滴定法》 GB/T 11901—1989《水质　悬浮物的测定　重量法》 GB/T 5750.4—2006《生活饮用水标准检验方法　感官性状和物理指标》 GB/T 11899—1989《水质　硫酸盐的测定　重量法》 GB/T 8077—2012《混凝土外加剂匀质性试验方法》 GB 8076—2008《混凝土外加剂》 JGJ 63—2006《混凝土用水标准（附条文说明）》 JC 477—2005《喷射混凝土用速凝剂》
7	粉煤灰	GB/T 1596—2005《用于水泥和混凝土中的粉煤灰》 GB/T 176—2008《水泥化学分析方法》
8	石灰无机结合料稳定材料	JTJ 034—2000《公路路面基层施工技术规范（附条文说明）》 JTG E51—2009《公路工程无机结合料稳定材料试验规程》

续上表

序号	项　目	标准（规范、规程）名称
9	沥青	JTG E20—2011《公路工程沥青及沥青混合料试验规程》 JTG F40—2004《公路沥青路面施工技术规范》
10	沥青混合料	JTG E20—2011《公路工程沥青及沥青混合料试验规程》
11	金属（包括钢筋、钢板、工字钢、钢管和接头）	GB 1499.1—2008《钢筋混凝土用钢　第1部分：热轧光圆钢筋》 GB 1499.2—2007《钢筋混凝土用钢　第2部分：热轧带肋钢筋》 GB/T1499.3—2010《钢筋混凝土用钢　第3部分：钢筋焊接网》 GB/T 228.1—2010《金属材料　拉伸试验　第1部分：室温试验方法》 GB/T 2651—2008《焊接接头拉伸试验方法》 JGJ/T 27—2001《钢筋焊接接头试验方法标准（附条文说明）》 GB/T 232—2010《金属材料　弯曲试验方法》 GB/T 2653—2008《焊接接头弯曲试验方法》 GB/T 8163—2008《输送流体用无缝钢管》 JGJ 18—2012《钢筋焊接及验收规程（附条文说明）》 GB/T 700—2006《碳素结构钢》 GB/T 706—2008《热轧型钢》
12	钢绞线、锚具	GB/T 5224—2003《预应力混凝土用钢绞线》 GB/T 228.1—2010《金属材料　拉伸试验　第1部分：室温试验方法》 GB/T 10120—1996《金属应力松弛试验方法》 GB/T 230.1—2009《金属材料　洛氏硬度试验　第1部分：试验方法（A、B、C、D、E、F、G、H、K、N、T标尺）》 GB/T 14370—2007《预应力筋用锚具、夹具和连接器》 JT/T 329—2010《公路桥梁预应力钢绞线用锚夹具和连接器》 JTG/T F50—2011《公路桥涵施工技术规范（附条文说明）》
13	板式橡胶支座	JT/T 4—2004《公路桥梁板式橡胶支座》
14	土工合成材料	JTG E50—2006《公路工程土工合成材料试验规程》 JTG/T D32—2012《公路土工合成材料应用技术规范》
15	伸缩缝	JT/T 327—2004《公路桥梁伸缩装置》
16	波纹管	JT/T 529—2004《预应力混凝土桥梁用塑料波纹管》 JG 225—2007《预应力混凝土用金属波纹管》
17	止水条、带	GB/T 18173.3—2002《高分子防水材料　第3部分：遇水膨胀橡胶》 GB 18173.2—2000《高分子防水材料　第2部分：止水带》
18	防水板	GB 18173.1—2012《高分子防水材料　第1部分：片材》
19	波形梁及连接副、立柱及防阻块	JT/T 281—2007《公路波形梁钢护栏》 JT/T 457—2007《公路三波形梁钢护栏》 JT/T 495—2004《公路交通安全设施质量检验抽样及制表》 GB/T 2828.10—2010《计数抽样检验程序　第10部分：GB/T 2828计数抽样检验系列标准导则》
20	标志板	GB/T 23827—2009《道路交通标志板及支撑件》 GB/T 2828.10—2010《计数抽样检验程序　第10部分：GB/T 2828计数抽样检验系列标准导则》 JT/T 495—2004《公路交通安全设施质量检验抽样及制表》

续上表

序号	项　目	标准（规范、规程）名称
21	反光膜	GB/T 18833—2012《道路交通反光膜》 JT/T 495—2004《公路交通安全设施质量检验抽样及制表》
22	标线涂料	JT/T 280—2004《路面标线涂料》 GB/T 10111—2008《随机数的产生及其在产品质量抽样检验中的应用程序》 JT/T 495—2004《公路交通安全设施质量检验抽样及制表》
23	隔离栅及立柱	GB/T 26941.1—2011《隔离栅　第1部分：通则》~ GB/T 26941.6—2011《隔离栅　第6部分：钢板网》 JTG F80/1—2004《公路工程质量检验评定标准　第一册　土建工程》 GB/T 2828.10—2010《计数抽样检验程序　第10部分：GB/T 2828计数抽样检验系列标准导则》 JT/T 495—2004《公路交通安全设施质量检验抽样及制表》
24	防眩设施	GB/T 24718—2009《防眩板》 JTG F80/1—2004《公路工程质量检验评定标准　第一册　土建工程》 GB/T 2828.10—2010《计数抽样检验程序　第10部分：GB/T 2828计数抽样检验系列标准导则》 GB/T 10111—2008《随机数的产生及其在产品质量抽样检验中的应用程序》 JT/T 495—2004《公路交通安全设施质量检验抽样及制表》
25	突起路标	GB/T 24725—2009《突起路标》 JTG F80/1—2004《公路工程质量检验评定标准　第一册　土建工程》 GB/T 2828.10—2010《计数抽样检验程序　第10部分：GB/T 2828计数抽样检验系列标准导则》 GB/T 10111—2008《随机数的产生及其在产品质量抽样检验中的应用程序》 JT/T 495—2004《公路交通安全设施质量检验抽样及制表》
26	轮廓标	GB/T 24970—2010《轮廓标》 JTG F80/1—2004《公路工程质量检验评定标准　第一册　土建工程》 GB/T 2828.10—2010《计数抽样检验程序　第10部分：GB/T 2828计数抽样检验系列标准导则》 GB/T 10111—2008《随机数的产生及其在产品质量抽样检验中的应用程序》 JT/T 495—2004《公路交通安全设施质量检验抽样及制表》

附录6　工地试验室记录表格格式

说　明

1. 本附录根据正文的先后顺序，对相应的记录表格进行唯一性标识编码（管理编码），编码规则为："JLBG"（记录表格的中文拼音缩写）+"流水号"（由两位数字01、02、…表示）。

2. 本附录提供了工地试验室常用记录表格格式及填表示例，各工地试验室可根据实际情况或建设项目要求灵活使用。本附录部分表格下面位置有填表说明，在实际使用中，应取消相应的填表说明文字内容。

3. 本附录表头中"试验室名称"一栏填写"工地试验室名称（或盖章），即母体试验检测机构名称+建设项目标段名称+工地试验室"；本附录空白内容栏目均用横线"—"填写（包括"备注"栏）。

4. 本附录表尾中"填表"一栏由资料（设备、样品）管理员签字，"审核"一栏由授权负责人签字（试验检测人员在相应记录中签字），"日期"一栏填写本页表格完成日期。

5. 本附录"表JLBG 17"为样品信息与试验检测结果报告对应索引台账。标题下划线部分按照试验检测项目分类（参考《公路试验检测数据报告编制导则》释义手册附录1中试验检测项目和报告分类）填写原材料及混合料名称、现场检测项目等（包括外委试验检测项目）。

目 录

1. 试验检测人员一览表（JLBG 01）……………………………………………… 91
2. 试验检测人员培训情况登记表（JLBG 02）…………………………………… 92
3. 试验检测仪器设备（参考标准、有证标准物质）一览表（JLBG 03）………… 93
4. 试验检测仪器设备计量管理情况登记表（JLBG 04）………………………… 94
5. 试验检测仪器设备使用记录（JLBG 05）……………………………………… 95
6. 试验检测仪器设备维护记录（JLBG 06）……………………………………… 96
7. 试验检测仪器设备期间核查情况登记表（JLBG 07）………………………… 97
8. 样品取样单（JLBG 08）………………………………………………………… 98
9. 样品取样登记表（JLBG 09）…………………………………………………… 99
10. 标准养护室（箱）试件出入登记表（JLBG 10）……………………………… 100
11. 样品留样登记表（JLBG 11）…………………………………………………… 101
12. 化学品（试剂）购置情况登记表（JLBG 12）………………………………… 102
13. 化学品（试剂）领用记录（JLBG 13）………………………………………… 103
14. 标准溶液配制记录（JLBG 14）………………………………………………… 104
15. 标准养护室（箱）温度、湿度监控记录（JLBG 15）………………………… 105
16. 标准（规范、规程）一览表（JLBG 16）……………………………………… 106
17. _____试验检测结果报告台账（JLBG 17）………………………………… 107
18. 不合格试验检测结果报告台账（JLBG 18）…………………………………… 108
19. 外委试验管理台账（JLBG 19）………………………………………………… 109

JLBG 01

试验检测人员一览表

试验室名称：

第　　页 共　　页

序号	姓名	性别	出生年月	工作岗位	学历和专业	职称	从事试验检测年限	试验检测证书编号	是否在母体注册	变更情况
1	×××	男	×-×-×	授权负责人	本科 交通运输工程	工程师	8	（公路）检师×××	√	2012-10-02 经批准调离

填表：　　　　　　　　　　　　审核：　　　　　　　　　　　　日期：　　年　　月　　日

注：1."工作岗位"一栏填写"授权负责人、试验检测负责人、试验检测工程师、试验检测员、设备管理员、样品管理员、档案管理员"，对于兼职的人员可以填写多项内容；
2.人员一览表应注意动态更新，对于变更的人员应在"变更情况"一栏填写有关变更信息。

JLBG 02

试验检测人员培训情况登记表

第 页 共 页

试验室名称：

序号	培训内容	培训类别	培训日期	培训地点	授课单位（老师）	参加培训人员	培训效果	备注
1	普通混凝土力学性能试验方法培训	标准规范	2012-10-02	项目部会议室	×××	××× ×××	—	—

填表：　　　　　　　　　　　　审核：　　　　　　　　　　　　日期：　　年　　月　　日

注：1. "培训类别"一栏填写"标准规范、行业管理办法、继续教育、专业培训、其他"；
　　2. "培训效果"一栏填写"良好、较好、一般、较差"，或填写取得的实际效果。

JLBG 03

试验检测仪器设备（参考标准、有证标准物质）一览表

试验室名称：　　　第　　页　共　　页

序号	设备名称	设备编号	规格型号	生产厂家	出厂日期	出厂编号	购置日期	测量范围	准确度	检定/校准周期	备注
1	水泥恒应力压力试验机	GL02040001	DYE-300S	×××	2012-06	039	2012-09	0～300kN	准确度等级：Ⅰ级	12个月	—

填表：　　　　　　　　　　　　　审核：　　　　　　　　　　　　　日期：　　年　　月　　日

注：1. 参考标准、有证标准物质应在一览表的最后位置集中填写，并在"备注"一栏做标识；
　　2. "准确度"一栏按照"准确度等级、最大允许误差、不确定度"三类填写。

JLBG 04

试验检测仪器设备计量管理情况登记表

第 页 共 页

试验室名称：

序号	设备名称	设备编号	规格型号	计量管理方式	检定/校准周期	检定/校准单位	检定/校准日期	有效日期	是否需要期间核查	备注
1	水泥恒应力压力试验机	GL02040001	DYE-300S	Ⅰ类	12个月	某计量检定站（所）	2012-10-03	2013-10-02	×	—

填表： 审核： 日期： 年 月 日

注："计量管理方式"一栏填写"Ⅰ、Ⅱ、Ⅲ类"（依据《公路工程试验检测仪器设备检定校准指导手册》）。

JLBG 05

试验检测仪器设备使用记录

试验室名称：　　　　　　　　　　　　　　　　　　　　第　页　共　页
设备名称：水泥恒应力压力试验机　　　　　　　　　　　设备编号：GL02040001

使用日期	起止时间	样品名称	样品编号	设备状况		使用人	备注
				使用前	使用后		
2013-03-04	15:00~15:15	水泥胶砂试件	YP-2013-SN-0001	正常	正常	×××	—

JLBG 06

试验检测仪器设备维护记录

试验室名称：　　　　　　　　　　　　　　　　　　　　　　　　　　　第　页　共　页

设备名称	设备编号	规格型号	维护时间	维护内容	维护人	备注
水泥恒应力压力试验机	GL02040001	DYE-300S	2013-03-30	检查试验机各部件有无松动，设备清洁、上润滑油、紧固、调整和防腐情况	×××	—

JLBG 07

试验检测仪器设备期间核查情况登记表

第　页　共　页

试验室名称：

序号	设备名称	设备编号	规格型号	检定/校准周期	检定/校准日期	核查方式	核查人员	核查日期	核查结果	备注
1	回弹仪	GL02040008	HT-225	6个月	2013-01-30	测定	×××	2013-04-30	符合要求	—

填表：　　　　　　　　　　审核：　　　　　　　　　　日期：　　年　月　日

注："核查方式"一栏填写"比对、验证、比较、测定、其他"。

JLBG 08

样品取样单

样品名称	水泥
规格型号	P·O42.5
批号/编号	126588
生产厂家/产地/取样地点	×××
取样数量	12kg
代表数量	200t
工程部位/用途	某大桥20号承台
进场日期	2013-03-01
取样日期	2013-03-01
取样人/见证人	×××/×××
备注	—

- -

样品名称	水泥
规格型号	P·O42.5
批号/编号	126588
生产厂家/产地/取样地点	×××
取样数量	12kg
代表数量	200t
工程部位/用途	某大桥20号承台
进场日期	2013-03-01
取样日期	2013-03-01
取样人/见证人	×××/×××
备注	—

注：如果为共同取样，各方都应在取样单上签字，并分别留存一份。

JLBG 09

样品取样登记表

试验室名称：　　第　页 共　页

序号	样品名称	规格型号	批号编号	生产厂家/产地/取样地点	代表数量	工程部位/用途	进场日期	取样日期	取样人	样品编号	备注
1	水泥	P·O42.5	126588	×××	200t	某大桥20号承台	2013-03-01	2013-03-01	×××	YP-2013-SN-0001	—

填表：　　　　　　　　　　　　　　　　　　　审核：　　　　　　　　　　　　　　　　　　　日期：　　年　　月　　日

JLBG 10

标准养护室（箱）试件出入登记表

试验室名称： 第 页 共 页

序号	样品名称	样品编号	成型时间	样品数量	入室（箱）时间	存放位置	存放人	计划试验日期	备注
1	水泥胶砂试件	YP-2013-SN-0001	2013-03-01 15:00	1组	2013-03-01 15:00	—	×××	2013-03-04 15:00 2013-03-29 15:00	—

填表： 审核： 日期： 年 月 日

注：1.为减少填写工作量，样品编号一栏可以填写同一天入室（箱）的同类样品多个样品编号，样品编号是指标准养护室的养护架编码，编码规则详见本指南4.5.2。
2.存放位置是指标准养护室的养护架编码，编码规则详见本指南4.5.2。

JLBG 11

样品留样登记表

试验室名称：　　　　　　　　　　　　　　　　　　　　　　　　　　　　　　　第　页　共　页

序号	样品名称	样品编号	品种规格	批号/编号	生产厂家/产地/取样地点	代表数量	取样日期	留样日期	留样期限	处理情况	备注
1	水泥	YP-2013-SN-0001	P·O42.5	126588	×××	200t	2013-03-01	2013-03-01	90天	废弃	—

填表：　　　　　　　　　　　　　　审核：　　　　　　　　　　　　　　日期：　　年　　月　　日

JLBG 12

化学品（试剂）购置情况登记表

试验室名称：　　　第　　页 共　　页

序号	化学品（试剂）名称	化学品（试剂）分类	生产厂家	规格	购置总量	购置日期	有效日期	纯度	保管人	备注
1	EDTA	一般化学品	×××	500g/瓶	1000g	2013-04-20	—	分析纯（99.7%）	×××	—

填表：　　　　　　　　　　　　审核：　　　　　　　　　　　　日期：　　年　　月　　日

注："化学品（试剂）分类"一栏填写"一般化学品、危险化学品"。

JLBG 13

化学品（试剂）领用记录

试验室名称：　　　　　　　　　　　　　　　　　　　　　第　　页　共　　页

领用日期	化学品（试剂）名称	领用数量	用途	领用人	剩余数量	保管人	备注
2013-04-30	EDTA 二钠	500g	配制 EDTA 二钠标准溶液	×××	462g	×××	—

JLBG 14

标准溶液配制记录

试验室名称：　　　　　　　　　　　　　　　　　　　　　　　第　页　共　页

溶液名称	溶液浓度	介质	配制依据	用途	配制日期/有效期限	配制数量	配制人	备注
EDTA二钠标准溶液	0.1mol/L	蒸馏水	JTG E51—2009	水泥剂量测定	2013-04-30/2个月	1000mL	×××	—

JLBG 15

标准养护室（箱）温度、湿度监控记录

试验室名称： 　　　　　　　　　　　　　　　　　　　　　　　　　　　　　　　日期：　年　月

检查日期	检查时间	温度（℃）	相对湿度（%）	记录人	检查日期	检查时间	温度（℃）	相对湿度（%）	记录人
1					17				
2					18				
3					19				
4					20				
5					21				
6					22				
7					23				
8					24				
9					25				
10					26				
11					27				
12					28				
13					29				
14					30				
15					31				
16					备注：每天一般检查三次				

JLBG 16

标准（规范、规程）一览表

第　页 共　页

试验室名称：

序号	标准代号	标准名称	份数	受控编号	发布日期	实施日期	备注
1	GB/T 17671—1999	《水泥胶砂强度检验方法（ISO法）》	2	001/002	1999-02-08	1999-05-01	—

填表：　　　　　　　　　　审核：　　　　　　　　　　日期：　年　月　日

注：如果标准作废，在备注栏进行标注。

JLBG 17

水泥 试验检测结果报告台账

试验室名称：

第 页 共 页

序号	样品编号	规格型号	生产厂家/产地/取样地点	报告日期	报告编号	试验检测参数	检测结论	备注
1	YP-2013-SN-0001	P·O42.5	×××	2013-03-04	BG-2013-SN-0001	标准稠度用水量、比表面积、凝结时间、安定性、3d强度	所检参数符合技术要求	—

填表： 审核： 日期： 年 月 日

JLBG 18

不合格试验检测结果报告台账

试验室名称：　　第　　页　共　　页

序号	样品名称	样品编号	规格型号	生产厂家/产地/取样地点	报告日期	报告编号	不合格参数及结果	处理情况	试验人	备注
1	水泥	YP-2013-SN-0004	P·O42.5	×××	2013-04-08	BG-2013-SN-0004	3d抗压强度：15.4MPa	已于2013年4月9日上报，对不合格材料清除出场，并经监理确认	×××	—

填表：　　　　　　　　　　　　　　　审核：　　　　　　　　　　　　　　　日期：　　　年　　月　　日

JLBG 19

外委试验管理台账

试验室名称：　　第　页　共　页

序号	样品名称	样品编号	规格型号	生产厂家/产地取样地点	样品数量	委托日期	接受委托单位	接受委托单位资质（等级）证书编号	备注
1	钢绞线	YP-2013-CJX-0001	1*7 D 15.2mm	×××	1组	2013-03-01	某交通建设试验检测有限公司	×××××××× PR/交GJC***	—

填表：　　　　　　　　　　　　审核：　　　　　　　　　　　　日期：　　年　月　日

注：为减少填写工作量，样品编号一栏可以填写同一次外委的同类样品多个样品编号。

附录7　安全、环保标志图例（摘录）、形式及参数

1. 安全、环保标志图例（摘录）

（1）禁止标志（图1）

图1　禁止标志类